Königs Fitness

Gabriele Böhne

Alexandra Weber

Eckehart Weiß

Informieren – Berichten

Klasse 5/6

Bange Verlag

Über das Autorenteam

Gabriele Böhne, geboren 1980 in Traunstein, unterrichtet Deutsch, Geschichte und Medienpädagogik an einem Gymnasium in Rosenheim (Oberbayern). Während ihres Studiums in Regensburg und in Karlstad (Schweden) hat sie am Lehrstuhl für Neuere Deutsche Literaturwissenschaft und Mittelalterliche Geschichte gearbeitet sowie bei FWU an der Erstellung didaktischer DVDs für den Geschichtsunterricht mitgewirkt. Seit 2006 ist sie bei der „Digitalen Schule Bayern" Redakteurin für die Fächer Deutsch und Geschichte sowie Administratorin für die Moodle-Plattform.

Alexandra Weber, geboren 1979 in Schweinfurt, unterrichtet Deutsch, Geschichte und Sozialkunde am Gymnasium in Haßfurt. Während ihres Studiums für Magister und Lehramt in Würzburg arbeitete sie an der Universität im Fachbereich Alte Geschichte als Wissenschaftliche Mitarbeiterin. Seit 2005 ist sie Mitglied der „Digitalen Schule Bayern" und betreut dort mit mehreren Kolleginnen und Kollegen den Fachbereich Deutsch. Daneben ist sie Administratorin der Wiki-Plattform der Zentrale für Unterrichtsmedien e.V.

Eckehart Weiß, geboren 1949 in Wunsiedel, unterrichtet Deutsch und Englisch an einem Bayreuther Gymnasium. Seit dem Jahre 2004 bildet er zudem als Seminarlehrer im Fach Deutsch Referendare aus. Er hat in Erlangen und Berlin studiert, unterrichtete lange in Hildesheim und leitete dort eine Orientierungsstufe. Seit 1990 lebt er wieder in Bayern. Seit vielen Jahren beschäftigt er sich hauptsächlich mit den Einsatzmöglichkeiten des Computers im Deutschunterricht. Zahlreiche Veröffentlichungen hierzu finden sich im Internet und in Fachzeitschriften. Mit einem Team von Lehrern hat er das fächer- und schulübergreifende Internetportal „Digitale Schule Bayern" aufgebaut.

1. Auflage 2010
ISBN 978-3-8044-1500-3

Lektorat: Michael Banse, Leipzig
Zeichnungen: Eckhard Lange, Oldenburg; Manfred Sondermann, Zeulenroda; Peter Thulke, Berlin
Herstellung: PER Medien+Marketing GmbH, Braunschweig
Druck und Weiterverarbeitung: Finidr, s. r. o., Český Těšín

Inhalt

Vorwort

Liebe Schülerin, lieber Schüler,

mit diesem Buch kannst du dein Wissen über verschiedene Formen des Berichtens sichern, vertiefen und ergänzen. Du wiederholst den Unterschied zwischen Erzählen und Berichten. Du lernst klare Wege kennen, wie du einen guten Bericht schreibst. Insbesondere findest du eine Anleitung zum Bericht in journalistischer Form, aber auch Rezepte für Berichte an offizielle Stellen. Neben grundsätzlichen Vorgehensweisen beim Berichten erhältst du auch eine gründliche stilistische und sprachliche Schulung, die du am Schluss dieses Heftes zusammenfassend üben kannst.

Aufbau des Heftes
Das Heft besteht aus fünf Einheiten, jede Einheit ist wiederum unterteilt in **Wissen, Kurs, Training und Check.**

1. Wissen: Hier findest du alle Informationen, die du bereits vom Unterricht her kennst, zum Beispiel die Gemeinsamkeiten und die Unterschiede von Erzählen und Berichten.

2. Kurs: Du bekommst eine systematische Einführung in alle Arbeitsfelder, die im Bereich Wissen angesprochen sind.

3. Training: Dieser Bereich dient der Übung. Schwierige Bereiche, wie zum Beispiel der Aufbau eines Arbeitsplans und das Verfassen eines Berichts, übst du hier noch einmal.

4. Check: In einer Art Selbsttest kannst du überprüfen, ob du alle wesentlichen Punke der einzelnen Einheit verstanden hast.

Die Kapitel bauen aufeinander auf.
Das erste Kapitel wiederholt Unterschiede und Gemeinsamkeiten von Erzählen und Berichten; es erläutert den Erzählstil und den Sachstil.
Das zweite Kapitel zeigt dir Wege auf, wie du schnell und sicher Informationen findest und sie so ordnen kannst, dass ein guter Bericht entsteht.
Das dritte Kapitel führt in den spannenden Bereich des Zeitungsberichts ein. Dabei lernst du einige journalistische Fachbegriffe, aber auch, wie du dich kurz und klar ausdrückst.
Das vierte Kapitel beschäftigt sich mit Berichten an Versicherungen oder Behörden. Hier geht es auch um die äußere Form und vor allem um die Vollständigkeit aller Informationen. Du möchtest ja lernen, wie du dein Anliegen durchsetzt.
Das letzte Kapitel wiederholt die für das Berichten wichtigen Regeln in Rechtschreibung und Grammatik, gibt aber auch Hinweise zu Ausdruck und Stil und wiederholt knapp die wichtigsten Arbeitsmethoden.

Zu allen Aufgaben findest du beispielhafte Lösungen.
Es lohnt sich, die Lösungen langsam und genau zu lesen. Du erkennst dann besser, was mit den einzelnen Aufgaben gemeint ist und worauf es wirklich ankommt.
Steht eine Schulaufgabe an, dann kannst du auch die im Unterricht geübte Schreibform gezielt finden. Die typischen Aufgaben einer Schulaufgabe sind:

Bericht nach einer Bilderfolge;

Bericht nach Zeugenaussagen;

Bericht in der journalistischen Form;

Berichte an Behörden im Rahmen eines formalen Briefes.

Berichten spielt auch in der Mittelstufe noch eine wichtige Rolle. Dann gilt es, Berichten Informationen zu entnehmen, z. B. für eine Erörterung; Aufbau und Stilmerkmale eines Berichtes zu erkennen, z. B. bei der erweiterten Inhaltsangabe eines journalistischen Textes. Für diese Aufgaben legt unser Buch bereits die Grundlagen.

Eckehart Weiß

Fitness-Einheit

Wissen

1 Einen Bericht von einer Erzählung unterscheiden

Mit einer **Erzählung** möchtest du den Leser unterhalten. Deswegen schreibst du anschaulich, lebendig und spannend.

Du beschreibst Personen, Orte und Umstände genau.

Zusätzlich zur Handlung schilderst du auch, was die Personen (oder auch Tiere, falls sie vorkommen) sehen, hören, riechen und was sie fühlen.

Du verwendest treffende Verben sowie stimmungshaltige Adjektive und Vergleiche.

Wichtig sind auch wörtliche Rede und Gedankenrede.

Du schreibst im **„Erlebnisstil“**:
Du setzt die genannten Mittel ein, damit deine Geschichte lebendig und anschaulich wirkt.
Beim Schreiben sollst du die Geschichte sinnvoll auf den Höhepunkt zu planen.

Aufbau der Erzählung:
Überschrift
A. Einleitung
B. Hauptteil
   I. Erzählschritt 1
   II. Erzählschritt 2
   III. Erzählschritt 3
   IV. Höhepunkt
C. Schluss

Erzählung:
Reingelegt!

Die Sonne schien und die Mücken tanzten, als ich, Fred, der Froschkönig, durch das laue Wasser paddelte. Ich trug meine wunderschöne goldene Krone. Die Grillen zirpten. Der Teich war spiegelglatt, keine Wellen. Ich fühlte mich so richtig wohl und murmelte: „So wundervoll sollten alle Tage sein.“

Plötzlich glitten ein paar Wellen durch das Wasser. Ich sah über mir einen Schatten. Neugierig, wie ich war, tauchte ich auf, sodass meine Krone aus dem Wasser ragte. Ich erstarrte vor Angst, denn rote Schnabel eines Storches ragte mir entgegen. Entsetzen packte mich, als der Storch auch noch anfing, laut zu klappern.

Ängstlich zitterte ich und dachte verzweifelt: „Gleich wird er mich entdecken.“ Der Storch beugte sich zu mir herunter. Sein Schnabel schoss wie ein Pfeil auf mich herab und hielt dann inne.

Scheinheilig flötete der Storch: „Oh, bist du süß!” Dem glaube ich doch kein Wort. Gleich ist es um mich geschehen. Wie kann ich mich nur retten? Ich wollte wegschwimmen, konnte mich aber vor Angst nicht vom Fleck rühren.

„Na Fröschchen, wenn Du mir deine Krone gibst, lasse ich dich am Leben“, erklärte der Storch. Ich antwortete: „Ja, du kannst die Krone haben, wenn du mich dafür nicht frisst.“ „Her damit!“, sagte der Storch und beugte sich zu mir, um die Krone, die ich hochhielt, zu schnappen.

Schnell steckte ich ihm die Krone über seinen Schnabel. Nun konnte er seinen Schnabel nicht mehr öffnen. Wütend hüpfte er herum und versuchte, sich von der Krone zu befreien. Doch so sehr er auch den Kopf hin und her schüttelte, die Krone steckte fest auf dem Schnabel. Fröhlich sprang ich davon. Ich hatte zwar meine Krone verloren, doch dafür mein Leben gerettet.

Text: Laura Reul

Fitness-Einheit

Wissen

1 Einen Bericht von einer Erzählung unterscheiden

Die Bildergeschichte enthält alle Aufbaumerkmale einer Erzählung. Bild 1 steht für die Einleitung, Bild 5 für den Höhepunkt und Bild 6 für den Schluss. Die Bilder 2 bis 4 ergeben die steigende Handlung. Gleichzeitig zeigen die Bilder auch die Grundstimmung der jeweiligen Erzählschritte.

Aufbaumerkmale rot

wörtliche Rede und Gedanken gelb

genaue Beschreibungen und treffende Verben grün

Überschrift, erweckt Neugierde

A. Einleitung:
Grundinformationen zu Ort und Zeit; Umstände der Handlung; Hauptpersonen; Zeitangaben;

B. Hauptteil:
eigentliche Erzählung
I. Erster Erzählschritt:
Vorbereitung des Diebstahls

Der Apfelklau

An einem kühlen Septembertag ging ich gegen Abend nach Hause. Als ich an Nachbar Schulzes Garten vorbeikam, sah ich ihn, einen wunderschönen Apfel. Er hing einsam am längst abgeernteten Apfelbaum direkt über dem Zaun. In der spärlichen Abendsonne glänzte er mir rot entgegen. Plötzlich bekam ich Appetit auf den schönen, großen Apfel. Aber der Apfel hing sehr hoch und hinter dem hohen Zaun saß Benni, der Hund von Nachbar Schulze. Was soll ich tun?

„Den Apfel muss ich haben“, schoss es mir durch den Kopf. Da fiel mir Papas Aluleiter ein. Leise schlich ich zu unserem alten Gartenschuppen. Ich begab mich in den modrig riechenden Schuppen, nahm vorsichtig die Leiter vom Haken und schulterte sie. „Hoffentlich erwischt mich mein Papa nicht“, murmelte ich vor mich hin und marschierte zielstrebig auf Schulzes Gartenzaun zu.

II. Zweiter Erzählschritt:
Anlehnen der Leiter und Schilderung (Beschreibung der Situation)

Es war außer dem Brummen des Fernsehers kein Laut im Garten zu hören. Um diese Zeit schaute Herr Schulze immer die Sportschau und Benni schlief in seiner Hütte neben der Terrasse. So leise ich konnte lehnte ich die Leiter an den Zaun und stieg sie hinauf, dem Apfel entgegen. Um sicher zu sein, dass mich niemand beobachtete, blickte ich mich noch einmal um. Da hing er, noch schöner als aus der Ferne. Rasch kletterte ich die Leiter ganz hoch und ergriff den Apfel. Mit einem Ruck zog ich an ihm und hielt ihn in der Hand.

III. Dritter Erzählschritt:
scheinbarer Erfolg

Ich dachte mir: „Jetzt noch schnell runter und dann den Apfel genießen.“ Doch was war das für ein Knurren? Ich sah zur Terrasse und bemerkte, dass Benni wach war. Schon rannte er kläffend auf den Zaun zu.

IV. Höhepunkt:
Hund verfolgt den Apfeldieb dramatische Steigerung

Ein Schrecken durchzuckte mich. Blitzschnell sprang ich von der Leiter, schulterte sie und rannte davon. Als ich nochmals zurückblickte, sah ich, wie Benni zu meiner Überraschung gerade über den Zaun sprang. Jetzt rannte er auch noch in meine Richtung. „Oh, nein!“, dachte ich, „ich brauche dringend ein sicheres Versteck.“ Zum Glück stand die Tür unseres Schuppens offen. Ich rannte geradewegs hinein und knallte die Tür zu. „Gott sei Dank, ich bin gerettet“, stöhnte ich erleichtert. Doch wie sollte ich wieder herauskommen, denn Benni saß mittlerweile vor dem Schuppen und bellte.

C. Schluss:
versöhnliches Ende

Genau in diesem Moment pfiff Herr Schulze seinen Hund wieder zurück. Vorsichtig öffnete ich die Türe und schaute hinaus. Draußen stand Herr Schulze, der Benni am Halsband hielt. „Was ist denn los, Jakob?“, fragte Herr Schulze. „Ach, Herr Schulze, ich habe einen Apfel von Ihnen geklaut und Benni hat mich dabei erwischt“, antwortete ich, „dafür führe ich Benni eine Woche lang aus.“ „Das ist eine gute Idee und das nächste Mal, wenn du einen Apfel möchtest, klingelst du einfach“, erwiderte er.

Jetzt konnte ich in meinen Apfel beißen.

Wissen

Mit einem **Bericht** möchtest du den Leser in aller Kürze über die wichtigen Tatsachen informieren. Deswegen schreibst du knapp, sachlich und genau über ein Ereignis.
Dabei beantwortest du die die sogenannten „W-Fragen“:
Was ist passiert?
Wer war an dem Vorfall beteiligt?
Wo hat sich das Ereignis abgespielt?
Warum kam es zu dem Vorfall?
Wie kam es dazu?
Welche Folgen hatte der Vorfall?

In einer **Erzählung** verrätst du erst am Ende, wie die Geschichte ausgeht. Die Spannung soll bis zum Schluss erhalten bleiben.
Im **Bericht** steht das Wichtigste gleich am Anfang. Anstelle gefühlvoller Beschreibungen stehen präzise (genaue) Angaben. Anstelle von wörtlicher Rede steht die indirekte Rede. Du schreibst im **„Sachstil“**: Du verwendest die genannten Mittel, um dem Leser wichtige Informationen knapp, klar geordnet, genau und nachprüfbar zu vermitteln.

Aufbau:
Titel
A. Vorspann
B. Hauptteil
C. Schluss

Aufbaumerkmale rot

indirekte Rede gelb

präzise Angaben grün

Fitness-Einheit

1 Einen Bericht von einer Erzählung unterscheiden

Bericht:
Froschkönig trickst Storch aus

Mit einem Trick gelang es Fred, dem Froschkönig, am vergangenen Sonntag, seinen Erzfeind, den Storch Adebar, zu überlisten und ihm eine Schnabelsperre zu verpassen.

Fred saß in seinem Königsteich und bemerkte, dass sich Wellen bildeten. Deswegen tauchte er auf und sah den Storch auf Beutesuche. Um sein Leben zu retten, bot Fred dem Storch seine Krone an. Als der Storch danach schnappen wollte, stülpte ihm der Frosch die Krone über den Schnabel. So rettete der Frosch sein Leben und der Storch brauchte einige Zeit, um sich von der Schnabelsperre zu befreien.

Erzählung	Bericht
– Ereignis ausführlich erzählt	– Ereignis knapp zusammengefasst
– stimmungshaltige Adjektive zur genauen, anschaulichen Beschreibung	– präzise Adjektive, knappe und sachliche Schreibweise
– genaue Beschreibung des Ortes, was man dort sehen, hören, riechen oder fühlen kann	– genaue Orts- und Zeitangaben, Namen und Titel
– Schilderung von Gedanken und Gefühlen	– keine Gedanken und Gefühle
– wörtliche Rede, Gespräche	– keine wörtliche Rede, indirekte Rede
– Präteritum bzw. Plusquamperfekt (bei Vorzeitigkeit)	– Präteritum bzw. Plusquamperfekt (bei Vorzeitigkeit)
– spannend erzählt	– keine Spannung
– Steigerung zu einem Höhepunkt	– von den wichtigen zu den unwichtigen Informationen
→ **Erlebnisstil**	→ **Sachstil**

Wissen

Fitness-Einheit

1 Einen Bericht von einer Erzählung unterscheiden

Titel nennt das Hauptereignis

A. Vorspann:
beantwortet die wichtigsten W-Fragen
Was: Hund stellt Apfeldieb
Wann: gegen Mittag
Welche Folgen: gütliche Einigung

B. Hauptteil:
führt die W-Fragen genauer aus
(hier vor allem das *Wie?*)
Handlungslogik und Reihenfolge
müssen stimmen.

C. Schluss: *Welche Folgen?*
Sachstil: keine wörtliche Rede,
keine Gefühle, Sachlichkeit und
Genauigkeit, richtige Reihenfolge,
klare Handlungslogik

Hund stellt Apfeldieb

Schäferhund Benni stellte gestern einen Fünftklässler, als er gegen Mittag einen Apfel aus dem Garten seines Herrchens stehlen wollte. Herr, Hund und Fünftklässler konnten sich gütlich einigen.

Der gestrige schöne Herbsttag und ein herrlicher Apfel aus Nachbars Garten verleiteten den Fünftklässler Tim zu einem Diebstahl. Als er hungrig von der Schule kam, fiel sein Blick auf einen Apfel, der an Nachbars Baum ganz oben hing. Kurzentschlossen holte Tim eine Leiter aus dem Schuppen seines Vaters, lehnte die Leiter an den hohen Bretterzaun und konnte von der obersten Sprosse den Apfel erreichen. Nicht bedacht hatte Tim, dass Benni, der Hund des Nachbarn, genau unter dem Baum schlief. Als Benni Tim erblickte, fing er sofort an zu bellen. Tim konnte gerade noch von der Leiter springen und samt Leiter und Apfel in den elterlichen Schuppen flüchten. Benni sprang über den Zaun, lief gleichfalls zum Schuppen und stellte sich bellend vor die verschlossene Tür. Sein Herrchen, vom Lärm alarmiert, klärte die Situation, pfiff seinen Hund zurück und befreite Tim aus seinem Gefängnis.

Für Tim ging der Diebstahl glimpflich aus, denn er versprach, dass er dies nie wieder tun werde. Er werde zur Wiedergutmachung Benni eine Woche lang ausführen.

Fitness-Einheit

Kurs

1 Einen Bericht von einer Erzählung unterscheiden

1 Markiere in der Erzählung „Das letzte Blatt" die wesentlichen Elemente des Erzählstils und erläutere sie kurz in der linken Spalte!

Aufbaumerkmale rot

wörtliche Rede und Gedanken gelb

genaue Beschreibungen
und treffende Verben grün

Das letzte Blatt

Überall fielen die bunten Blätter von den Bäumen. Es sah nach Regen aus. „Zieh dich warm an!", rief mir noch meine Mutter hinterher. Also schlang ich mir einen Schal um den Hals, zog den Reißverschluss meines Anoraks bis nach oben, setzte meine Mütze auf und schwang mich auf mein Fahrrad. So fuhr ich Richtung Bamberger Innenstadt zum Fußballtraining.

Überall kündigten Plakate ein Fest zum Geburtstag des hiesigen Oberbürgermeisters Herbert Lauer an. Da die Zeit etwas knapp war, beschloss ich, die Abkürzung über den Maxplatz zu nehmen und trat ordentlich in die Pedale.

Am Maxplatz musste ich eine Vollbremsung hinlegen, die mich fast vom Rad gefegt hätte. Dort hatte sich eine Menschentraube gebildet. Ich stieg ab, um besser sehen zu können, was da vor sich ging. Vorsichtig schob ich mein Rad zwischen den Menschen hindurch und zupfte schließlich einen älteren Herrn am Ärmel. „Was ist denn hier los?", fragte ich. „Siehst du das nicht? Die Stadtreinigung legt sich für den Geburtstag des Oberbürgermeisters richtig ins Zeug. Selbst das letzte Blatt nehmen sie noch mit", antwortete der ältere Herr. Und tatsächlich, zwischen den Köpfen der Leute hindurch konnte ich entdecken, was so viel Wirbel verursachte.

Die Straßenkehrer waren dabei, eine Menschenpyramide zu bilden, um noch das letzte Blatt aus der Krone des Ahornbaums zu holen, der vor dem Rathaus stand. Ich kannte die vier, die – ebenfalls wie ich – dem Bamberger Sportverein „Unüberwindlich" angehörten. „Los Markus, los Bert", schrie ich, „das schafft ihr!" Auch die Umstehenden begannen, die drei anzufeuern.

Markus und Bert, die beiden kräftigsten, stellten sich zunächst nebeneinander auf. Mit einer Räuberleiter halfen sie Fred auf ihre Schultern. Ich fieberte mit den dreien mit, als Fred versuchte, mit dem Ende seines Besenstiels das letzte Blatt herunter zu fegen. Doch das reichte noch nicht, so sehr sich Fred auch bemühte. Er konnte das Blatt trotz aller Bemühungen nicht erreichen. „So ein Mist", dachte ich. „Dabei geben sich die drei doch solche Mühe." Plötzlich kam mir eine geniale Idee. „Benjamin!", dachte ich. „Der muss auch ran."

Und so begann ich aus vollem Halse seinen Namen zu rufen: „Benjamin! Benjamin! Benjamin!" Die umstehenden Passanten begannen, in den Chor mit einzustimmen und Benjamin, den Kleinsten und Leichtesten der Vier, anzufeuern. „Benjamin, los, trau dich! Wir brauchen deine Unterstützung, sonst schaffen wir das nie!", rief Fred. Benjamin betrachtete die Pyramide zunächst etwas skeptisch. Kein Wunder, das sah nach einer wackeligen Angelegenheit aus. Aber schließlich war er auch kein Angsthase. So stieg er zunächst auf Markus' Knie und stützte sich am Kopf von Bert, der schon ganz rot angelaufen war, mit der Hand ab. Anschließend kletterte er auf Freds Schultern und richtete sich langsam auf, um nicht das Gleichgewicht zu verlieren. Markus und Bert wankten leicht unter dem Gewicht der beiden. Nur mit Mühe konnten sie die Balance halten. Bert japste bereits nach Luft. Die Anstrengung stand ihm deutlich ins Gesicht geschrieben. „Hoffentlich fällt er nicht runter!", schoss es mir durch den Kopf. Meine Hände waren schon ganz nass vor Aufregung. Ob die vier es schaffen würden? „Ich zähle jetzt bis drei“, rief Benjamin. „Dann strecken wir uns alle gleichzeitig und ich kann das letzte Blatt aus der Krone pflücken.“ Benjamin zählte laut bis drei, dann streckten sich alle so hoch sie konnten. Jeder hielt die Luft an. Markus und Bert stellten sich auf die Zehenspitzen, Fred packte Benjamin an den Beinen und hielt ihn, so gut er konnte, fest. Benjamin streckte seinen rechten Arm aus. Nur mit größter Mühe erwischte er das Blatt. Unter dem tosenden Beifall der Passanten segelte es wie eine Feder zu Boden.

Auch ich klatschte begeistert in die Hände. Mir fiel ein Stein vom Herzen, als alle wieder wohlbehalten auf dem Boden standen. „Tolle Leistung!“, rief ich den Vieren zu und raste zum Training.

2 Markiere in dem Bericht „Bamberger Straßenkehrer zeigten sportliche Leistungen“ die zentralen Mittel des Sachstils und erläutere sie kurz in der linken Spalte!

Aufbaumerkmale rot

indirekte Rede gelb

präzise Angaben grün

Bamberger Straßenkehrer zeigten sportliche Leistung

Bamberger Straßenkehrer bauten gestern bei der Reinigung des Maxplatzes eine Menschenpyramide, um auch noch das letzte Blatt vom Ahornbaum vor dem Rathaus zu entfernen.

Einfallsreichtum und Sportlichkeit bewiesen am Donnerstag vier Bamberger Straßenkehrer. Sie hatten die Aufgabe, zur Vorbereitung der Geburtstagsfeierlichkeiten des Oberbürgermeisters Herbert Lauer am 16. November den Maxplatz zu kehren und das Laub, das von den Bäumen gefallen war, zu entfernen.
Als sie mit ihrer Arbeit fast fertig waren, entdeckten sie hoch oben in der Krone des Ahornbaumes vor dem Rathaus noch ein einzelnes großes Blatt.
Die Straßenkehrer beschlossen, auch dieses Blatt zu entfernen und wählten eine ungewöhnliche Methode. Da alle vier dem Bamberger Kraftsportverein „Unüberwindlich“ angehörten, war es für sie kein Problem, eine Menschenpyramide zu bauen.
Markus und Bert, die beiden kräftigsten, stellten sich zunächst nebeneinander, und Fred stieg auf ihre Schultern. Der flinke Benjamin kletterte schließlich auf Freds Schultern. Alle vier Männer streckten sich hoch und Benjamin erwischte das Blatt.
Erstaunte Passanten bildeten einen Kreis um die vier sportlichen Straßenkehrer und spendeten tosenden Beifall.
Oberbürgermeister Lauer dankte der Straßenkehrertruppe in seiner Festrede und spendierte den vier Männern ein Fässchen Bier sowie eine Brotzeit für jeden.

Fitness-Einheit

Training

1 Einen Bericht von einer Erzählung unterscheiden

1 Erläutere in der Erzählung „Mein Traumprinz" die Aufbaumerkmale und benenne die markierten Stilmittel des Erzählstils!

Überschrift

A.

B.

I.

II.

III.

IV.

Mein Traumprinz

An einem warmen Tag, an dem die ersten Schmetterlinge flogen und die Krokusse, Schneeglöckchen, Osterglocken und Winterlinge nur so sprossen, holte ich das alte Märchenbuch meiner Großmutter vom Dachboden und las gemütlich in der Sonne sitzend das Märchen vom Froschkönig.

Am besten gefiel mir die Stelle, an welcher der Frosch zum Prinzen wird. „So einen Traumprinzen möchte ich auch haben", wünschte ich mir, während ich das Bild des hübschen jungen Mannes betrachtete. Da kam mir eine Idee. Schnell lief ich zu unserem Gartenteich und warf ein Fünfcentstück hinein, doch so lange ich auch wartete, es tat sich nichts, kein Frosch war weit und breit zu sehen. Also musste ich mir meinen Frosch irgendwie anders beschaffen.

Kurzentschlossen lief ich zur Zoohandlung, die nicht weit von unserem Haus entfernt war. Dort kaufte ich alle Frösche, die so aussahen wie der Froschkönig in meinem Buch und ließ sie mir von dem erstaunten Verkäufer in einen Karton mit Luftlöchern einpacken.

Als ich auf dem Heimweg meine Kiste stolz vor mich hintrug, fragte ich mich andauernd: „Wird einer der Frösche der richtige sein?" Ich flüsterte diese Frage sogar in den Karton, aber keiner der Frösche gab mir eine Antwort. Ich hörte nur lautes Gequake.

Zu Hause angekommen trug ich den Karton in mein Zimmer und stellte ihn auf mein Bett. Als ich neugierig den Karton öffnete, sprangen die ungeduldigen Frösche durcheinander heraus und quakten wild. Ich packte einen der Frösche, küsste ihn und warf ihn, als nichts geschah, gegen die Wand. Doch beides half nichts. Auch die anderen neun Frösche verwandelten sich nicht in Prinzen.

C. ______

Enttäuscht trug ich die zehn Frösche zu unserem Gartenteich und setzte sie ins Wasser. Bei dieser Gelegenheit fischte ich auch mein Fünfcentstück wieder heraus und ging traurig in mein Zimmer. Dennoch glaubte ich noch fest daran, meinen Traumprinzen zu finden. Und wirklich: Ein paar Jahre später fand ich ihn tatsächlich – aber natürlich nicht den Froschkönig.

Text: Kerstin Hahn, 5. Klasse

2 Erläutere in dem Bericht „Schüler entlarven Bankräuber" die Aufbaumerkmale und benenne die markierten Stilmittel des Sachstils!

Titel ______

A. ______

B. ______

C. ______

Schüler entlarven Bankräuber

Am gestrigen Dienstag entlarvten in Haßfurt zwei Unterstufenschüler einen Bankräuber.

Haßfurt: Den beiden 11-jährigen Schülern Tobi M. und Willi H. gelang es durch Zufall, den Bankräuber zu überführen. Auf dem Nachhauseweg war es im Linienbus zur Verwechslung von Rucksäcken gekommen, nachdem der Busfahrer scharf bremsen musste. Tobi M. bemerkte die Verwechslung jedoch erst, als der Mann, dem der andere Rucksack gehörte, am Bahnhof bereits im nächsten Zug verschwunden war. Zusammen mit seinem Freund öffnete er den vertauschten Rucksack, um zu sehen, ob eine Adresse angegeben war. Dabei kamen 120.000 € zum Vorschein, die die Schüler umgehend bei der Polizei abgaben. Der Rest war für die Polizeibeamten ein Kinderspiel, da der Täter seine Adresse im Rucksack hinterlassen hatte. So schickte die Polizei eine Streife vorbei, die den Mann festnahm. Dieser wird nun vor Gericht wegen eines Raubüberfalls angeklagt und sitzt in Untersuchungshaft.

Die beiden Schüler hingegen erhielten als Belohnung jeweils 500 € und einen Gutschein für ein Wochenende in Disneyland. Die Schüler merkten dazu an, dies hätten sie alleine „Kommissar Zufall" zu verdanken.

Fitness-Einheit

Check

1 Einen Bericht von einer Erzählung unterscheiden

Die Bildergeschichte erzählt von einem gelungenen Schülerstreich, der für eine gute Erzählung, aber auch für einen guten Bericht Anlass sein kann. Ehe du den folgenden Bericht liest, solltest du dich in die Zeichnung vertiefen. Denke daran, dass das Verbindende zwischen Erzählen und Berichten in der genauen Abfolge der Handlung liegt. Diese musst du klar erfassen.

1 **Dieser Bericht ist noch nicht so gut gelungen: Der Schüler hat wohl den Bericht teilweise mit einer Erzählung verwechselt. Streiche mit Rot an, was in dem Bericht nichts zu suchen hat! Beschreibe die Fehler kurz in der linken Spalte!**

Spielzeugauto

Paul Friedrich, ein Schüler des Gymnasiums, spielte an einem schönen Frühlingstag im April seiner Lehrerin einen hübschen Streich, indem er sich mit seinem ferngesteuerten Elektroauto auf dem Schulparkplatz versteckte und im richtigen Moment vor ihr in ihre Parklücke fuhr. Frau Studienrätin Brigitte Baum schäumte zwar vor Wut, verzichtete aber darauf, Paul für seinen hinterlistigen Streich zu bestrafen.

An einem kühlen Aprilmorgen, als die ersten Sonnenstrahlen nur mühsam durch den Morgennebel drangen, wartete der elfjährige Paul, Schüler der 5. Klasse des Gymnasiums, hellwach auf seine Deutschlehrerin, Frau Studienrätin Brigitte Baum. Paul brannte darauf, seiner Deutschlehrerin wegen einer schlechten Deutschnote einen kleinen Streich zu spielen. Am Abend zuvor hatte er sein ferngesteuertes Auto noch einmal überprüft, um einem Versagen vorzubeugen. Paul lächelte schon leise vor sich hin: „Die wird Augen machen, wenn sie um die Ecke biegt." Seine Klassenkameraden drängten sich derweil am Schultor und beobachteten die Szene aufmerksam. Plötzlich kam wie immer schwungvoll Frau Baum um die Ecke gebraust und hielt auf die Parklücke zu. Im gleichen Augenblick startete Paul sein blitzendes Auto und fuhr damit direkt auf Frau Baum zu, um dann gleich in die Parklücke einzubiegen. Frau Baum legte eine Vollbremsung hin und stieg erschrocken aus. Wütend betrachtete sie das Spielzeugauto, das nun vorschriftsmäßig mitten in der großen Parklücke stand.

Paul fasste sich nun ein Herz und rief zaghaft: „Rache ist süß, Frau Baum!" Er hatte aber doch ein schlechtes Gewissen, als er die Zornesröte im Gesicht seiner Lehrerin sah. „Warte nur, gleich sind wir im Klassenzimmer. Ich hoffe, du bist gut vorbereitet", schimpfte sie. Gott sei Dank musste sie dann doch lächeln und als die Klassenkameraden im Hintergrund auch noch klatschten, löste sich die Spannung vollends. Paul fuhr sein Auto daraufhin schnell aus der Parklücke und Frau Baum parkte behutsam ein. In der Klasse musste sie dann doch über Pauls Einfallsreichtum lachen.

2 **Findest du durch den Irrgarten? Wenn du den Merkmalen des Berichts folgst, kommst du ganz leicht ans Ziel. Aber Vorsicht: Manche Merkmale des Berichts treffen auch auf die Erlebniserzählung zu. Lass dich nicht in die Irre führen!**

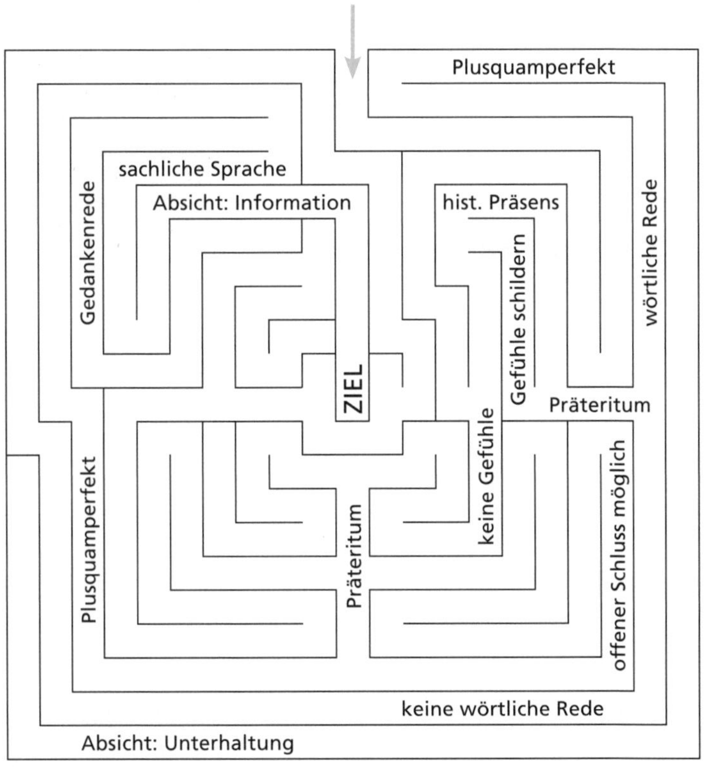

Check

Fitness-Einheit

1 Einen Bericht von einer Erzählung unterscheiden

Selbsttest

An dieser Stelle kannst du dein Wissen überprüfen.
Ergänze, was du mittlerweile über den Unterschied zwischen Erzählen und Berichten gelernt hast!
Stimmt deine Lösung, kannst du sie mit „Ja" abhaken.
Wenn nicht, kannst du dein Wissen auf den angegebenen Seiten nochmals vertiefen.

Was ich kann	Ja	Nein, dann übe ich noch mal	
Absicht der Erzählung Wenn ich erzähle, möchte ich …			→ S. 7
Absicht des Berichts Wenn ich berichte, möchte ich …			→ S. 10
Aufbau der Erzählung Wenn ich eine Erzählung plane, wähle ich folgenden Aufbau …			→ S. 7
Aufbau des Berichts Wenn ich einen Bericht plane, wähle ich folgenden Aufbau …			→ S. 10
Erlebnisstil Wenn ich im Erlebnisstil erzähle, verwende ich …			→ S. 7
Sachstil Wenn ich im Sachstil berichte, verwende ich …			→ S. 10
Gemeinsamkeit Erzählung und Bericht haben Folgendes gemeinsam: …			→ S. 10

Wissen

Fitness-Einheit 2 Informationen zu einem Bericht finden

Die W-Fragen

Wenn du über ein Ereignis berichten möchtest, musst du zunächst alle wichtigen Informationen sammeln. Dazu brauchst du die so genannten „W-Fragen":

Was? – Damit ist das Hauptereignis gemeint (siehe Haupttitel).

Wer? – Die beteiligten Personen, werden genannt, mit Vor- und Nachnamen, eventuell auch Alter und Beruf. In einem Polizeibericht wie hier wird jedoch nicht der vollständige Name genannt, um die Privatsphäre der betreffenden Person zu schützen.

Wo? – Du nennst alle wichtigen Orte, die mit dem Ereignis zu tun haben (Haßfurt, im Linienbus, am Bahnhof).

Wann? – Du beschreibst so genau, wie es dir mit den vorliegenden Informationen möglich ist, wann das Ereignis geschehen ist.

Wie? – Du nennst die näheren Umstände.

Warum? – Du erläuterst die Gründe, sofern sie erkennbar sind.

Welche Folgen? – Hier sind die Folgen die Festnahme des Bankräubers und die Belohnung für die Schüler.

Welche Quelle? – Woher die Informationen stammen, ist hier nicht genannt. Quellen können zum Beispiel Augenzeugenberichte oder Polizeiprotokolle sein.

Schüler entlarven Bankräuber

Am gestrigen Dienstag entlarvten in Haßfurt zwei Unterstufenschüler einen Bankräuber.

Haßfurt: Den beiden 11-jährigen Schülern Tobi M. und Willi H. gelang es durch Zufall, den Bankräuber zu überführen. Auf dem Nachhauseweg war es im Linienbus zur Verwechslung von Rucksäcken gekommen, nachdem der Busfahrer scharf bremsen musste. Tobi M. bemerkte die Verwechslung jedoch erst, als der Mann, dem der andere Rucksack gehörte, am Bahnhof bereits im nächsten Zug verschwunden war. Zusammen mit seinem Freund öffnete er den vertauschten Rucksack, um zu sehen, ob eine Adresse angegeben war. Dabei kamen 120.000 € zum Vorschein, die die Schüler umgehend bei der Polizei abgaben. Der Rest war für die Polizeibeamten ein Kinderspiel, da der Täter seine Adresse im Rucksack hinterlassen hatte. So schickte die Polizei eine Streife vorbei, die den Mann festnahm. Dieser wird nun vor Gericht wegen eines Raubüberfalls angeklagt und sitzt in Untersuchungshaft.

Die beiden Schüler hingegen erhielten als Belohnung jeweils 500 € und einen Gutschein für ein Wochenende in Disneyland. Die Schüler merkten dazu an, dies hätten sie alleine „Kommissar Zufall" zu verdanken.

Wissen

Informationen sammeln und ordnen

Unabhängig davon, welches Material dir vorliegt – Bildergeschichte, Zeugenaussagen oder eine Erzählung – musst du die darin enthaltenen Informationen sammeln und ordnen. Die ersten sechs W-Fragen sind dabei die wichtigsten.

Die W-Fragen kannst du auf zwei verschiedene Arten sammeln.

1. **Mindmap:** Dabei handelt es sich um eine „Gedankenkarte", die Informationen zu den einzelnen W-Fragen bündelt. Der Betrachter kann auf Anhieb die wichtigsten Informationen mit einem Blick erfassen. Das Hauptereignis („Was?") setzt du in die Mitte, die anderen W-Fragen schreibst du außen herum.
2. **Beobachtungsbogen:** Du listest die W-Fragen stichpunktartig untereinander auf.

Tipp: Wenn dir als Grundlage für den Bericht ein Text oder eine Bilderfolge vorliegt, solltest du zunächst einmal die Informationen zu den **W-Fragen im Text markieren**.

Fitness-Einheit 2 Informationen zu einem Bericht finden

Mindmap zum Bericht „Schüler entlarven Bankräuber":

Beobachtungsbogen zum Bericht „Schüler entlarven Bankräuber"

Was ist geschehen? Zwei Unterstufenschüler entlarven einen Bankräuber.

Wer? Beteiligt sind die Unterstufenschüler Tobi M. und Willi H., der Bankräuber, der Busfahrer und Polizeibeamte.

Wo? Das Ereignis fand statt in Hassfurt, dort in einem Linienbus, am Bahnhof und bei der Polizei.

Wann? Am gestrigen Dienstag.

Wie? Durch Zufall, weil der Bus scharf bremsen musste und es zu einer Verwechslung von Rucksäcken kam.

Warum? Entspricht dem Wie – weil der Bus scharf bremsen musste.

Welche Folgen? Der Bankräuber wurde festgenommen und sitzt in Untersuchungshaft; er wird angeklagt. Die beiden Schüler erhalten eine Belohnung: jeweils 500 € und einen Gutschein für ein Wochenende in Disneyland.

Welche Quellen? Hier sind keine Quellen angegeben.

Fitness-Einheit

Wissen

2 Informationen zu einem Bericht finden

Betrachte nun die Zeichnung! Vergegenwärtige dir zunächst die W-Fragen anhand der einzelnen Bilder! Vergleiche anschließend deine Beobachtungen mit den Informationen aus der Mindmap!

Wie? Die näheren Umstände
Schüler parkt sein Spielzeugauto auf dem Stammparkplatz der Lehrerin

Welche Quelle?
Zeuge: Deutschlehrer Hartmut Hell

Wann?
1. April, 7.30 Uhr

Was? Hauptereignis
Schüler spielt Lehrerin einen Streich

Welche Folgen?
Zusammenstoß vermieden (Vollbremsung); Ärger; Lachen

Wo?
Dientzenhofer-Gymnasium Bamberg

Warum?
Rache für schlechte Note – Aprilscherz

Wer?
Studienrätin Brigitte Baum; Schüler Paul Friedrich; Deutschlehrer Hartmut Hell

Wissen

Fitness-Einheit

2 Informationen zu einem Bericht finden

Stichpunktsammlung

Die Mindmap und der Beobachtungsbogen erfassen alle Informationen vollständig. Beim eigentlichen Bericht geht es nun darum, diese Informationen der Reihe nach zu ordnen.
Die Reihenfolge eines Ereignisses erfasst du, indem du dich fragst, was der Reihe nach genau geschehen ist. Du solltest also, wenn du die W-Fragen gesammelt hast, eine Stichpunktsammlung erstellen, in der du Schritt für Schritt die Abfolge des Ereignisses festhältst. Diese Stichpunktsammlung dient dir später als Grundlage für den Hauptteil des Berichts.

Vergegenwärtige dir am folgenden Beispiel, wie die Antworten auf die einzelnen W-Fragen im Bericht auftauchen! Beachte die Reihenfolge der Handlung!

Haupttitel: nennt das Ereignis

Vorspann: erfasst knapp die wichtigen Informationen, in diesem Fall: Was? Wer? Wann? Wo? Welche Folgen? Wie?)

Hauptteil: genaue Handlungsfolge gemäß der Stichpunktsammlung

Schluss: Welche Folgen?

Stichpunktsammlung: Reihenfolge der Ereignisse

- Paul erhält schlecht bewerteten Grammatik-Test, ist erstaunt und wütend, sinnt auf Rache.
- Paul versteckt sich am nächsten Morgen auf dem Lehrerparkplatz hinter einem Auto.
- Paul parkt sein ferngesteuertes Auto unter dem Kleinwagen.
- Paul steuert das Auto in den Stammparkplatz von Brigitte Baum, als diese angefahren kommt.
- Brigitte Baum muss knapp hinter dem Spielzeugauto eine Vollbremsung machen.
- Nach erster Wut Versöhnung im Klassenzimmer.

Schülerstreich – Ferngesteuertes Auto bremst Lehrerin aus

Einen frechen Streich spielte Paul F., Schüler des Dientzenhofer-Gymnasiums Bamberg, seiner Lehrerin Frau B. am Mittwoch, dem 1. April 2009. Der Schüler lenkte auf dem Schulparkplatz sein ferngesteuertes Elektroauto genau in dem Moment auf den Stammparkplatz von Frau B, als diese einparken wollte. Frau B. verzichtete auf eine Strafe.

Paul F. überlegte sich diesen Streich, weil er von seiner Deutschlehrerin eine schlechte Note in einem Grammatik-Test erhalten hatte. Er wählte den 1. April, um sich an seiner Lehrerin zu rächen. Hartmut H., ebenfalls Lehrer am Dientzenhofer-Gymnasium, beobachtete den Streich. Laut seinem Bericht wartete Paul mit seinem ferngesteuerten Auto auf dem Parkplatz des Dientzenhofer-Gymnasiums auf seine Lehrerin Frau B. Paul versteckte sich hinter einem Auto und hielt sein ferngesteuertes Auto bereit. Als Frau B. mit ihrem Auto angefahren kam und auf ihrem Stammparkplatz einparken wollte, fuhr Paul F. das ferngesteuerte Auto schnell genau vor ihr in die Parklücke. Frau B. konnte einen Zusammenstoß mit dem Spielzeug-Auto gerade noch verhindern, indem sie scharf bremste. Sie stieg sehr aufgebracht aus ihrem Auto aus und schimpfte. Paul gab die Parklücke wieder frei, so dass Frau B. einparken konnte.

Nachdem sie gemeinsam ins Klassenzimmer gegangen waren, musste Frau B. doch über den Streich von Paul lachen und verzichtete darauf, ihn zu bestrafen.

Kurs

Fitness-Einheit

2 Informationen zu einem Bericht finden

1 Betrachte folgende Zeichnung! Fülle anschließend den dazugehörigen Beobachtungsbogen sorgfältig aus!

Verwende dabei folgende Informationen:
Netbook,
250 €,
Klasse 6c,
deine Schule,
deine Mitschüler,
letzter Schultag vor den Sommerferien.

Beobachtungsbogen

Was ist geschehen? (das Hauptereignis)

____

____

Wer? (beteiligte Personen)

____

____

Wo? (allgemeine und genaue Ortsangaben)

____

____

Wann? (allgemeine und genaue Zeitangaben)

Wie? (die nähere Umstände, die Art und Weise, wie es zu dem Ereignis kam)

Warum? (erkennbare Ursachen)

Welche Folgen? (Kosten, Strafen, Schaden, Belohnung)

Welche Quellen? (Zeugen, andere Informationsquellen)

2 Erstelle nun aus der Bilderfolge und den Informationen aus deinem Beobachtungsbogen die richtige Reihenfolge des Geschehens! Notiere rechts die einzelnen Handlungsschritte in der richtigen Reihenfolge!

Aus Zeichnungen und Texten Informationen entnehmen

1 Betrachte die Bildergeschichte genau und überlege, was hier geschehen ist! Lies dann die dazugehörigen Zeugenaussagen!

Der Blütenhut

2 Informationen zu einem Bericht finden

2 Markiere in den Zeugenaussagen die Antworten auf die W-Fragen wie folgt:
Was? = Grün
Wer? = Schlangenlinien
Wo? = doppelt unterstreichen
Wann? = einfach unterstreichen
Wie? = gepunktete Linie
Warum?
Welche Folgen? = Gelb
Welche Quelle?

Ich heiße Laura Meier. Ich ging am Donnerstag spazieren. Währenddessen habe ich auf einer Wiese bei Memmelsdorf einen Blumenstrauß gepflückt. Versehentlich habe ich dabei eine Kunstblume von dem Hut einer Frau gepflückt, weil der Hut einer Sommerwiese täuschend ähnlich sah und weil ich ganz in Gedanken war. Ich habe die Frau, die in ihrem Garten unterhalb einer Böschung saß, wirklich nicht gesehen.
Sie war ganz aufgeregt, weil ich den Hut beschädigt hatte und hat sofort die Polizei gerufen. Dabei war es doch ein Versehen!

Mein Name ist Werner Wächter. Ich bin Polizist.
Die berühmte Hutmacherin Ernestine Mühlhausen-Maler rief uns am Donnerstag, dem 3.07.2008, an. Ihr Hut, das Modell „Sommerwiese“, wurde beschädigt. Er hat ein Loch und kann nicht mehr repariert werden. Ich kenne mich da ja nicht aus, aber sie sagte, dass der Hut ein handgefertigtes Einzelstück ist und einen Wert von 1000 € hat. Sie war sehr aufgebracht: Der Hut sollte nämlich in der nächsten Woche auf einer Ausstellung gezeigt werden. Sie wollte von dem Mädchen, das ihn versehentlich kaputt gemacht hatte, Schadensersatz verlangen. Wir konnten sie aber davon überzeugen, davon abzusehen.
Frau Mühlhausen-Maler arbeitet inzwischen an einem neuen Hut, den sie dann auf der Ausstellung zeigen will.

3 Fülle nun den Beobachtungsbogen mit den Informationen aus der Bildergeschichte und den Zeugenaussagen aus!

Beobachtungsbogen

Was ist geschehen? (das Hauptereignis)

____

____

Wer? (beteiligte Personen)

____

____

Fitness-Einheit

2 Informationen zu einem Bericht finden

Wo? (allgemeine und genaue Ortsangaben)

Wann? (allgemeine und genaue Zeitangaben)

Wie? (die nähere Umstände, die Art und Weise, wie es zu dem Ereignis kam)

Warum? (erkennbare Ursachen)

Welche Folgen? (Kosten, Strafen, Schaden, Belohnung)

Welche Quellen? (Zeugen, andere Informationsquellen)

4 Bringe die Informationen aus dem Beobachtungsbogen in die richtige Reihenfolge und notiere sie Schritt für Schritt als Strichpunktsammlung!

Aus Zeugenaussagen Informationen entnehmen und den Hergang eines Ereignisses ordnen

Gehe bei den folgenden Aussagen von dem Unfall als Hauptereignis aus.

5 Markiere in den Zeugenaussagen die Antworten auf die W-Fragen wie folgt:
Was? = Grün
Wer? = Schlangenlinien
Wo? = doppelt unterstreichen
Wann? = einfach unterstreichen
Wie? = gepunktete Linie
Warum?
Welche Folgen? = Gelb
Welche Quelle?

Andi Fuchs, Schüler

„Der Bert ist schuld an dem Unfall. Der kann einen aber auch nie in Ruhe lassen! Immer muss er mich ärgern. Jedenfalls habe ich mir das von ihm nicht gefallen lassen. Und erst recht die blöden Mädchen, die immer nur kichernd in der Ecke stehen und über alles zu lästern haben. Sind selber schuld daran, weil sie sich immer über alle anderen lustig machen müssen, insbesondere über uns Jungen. Das hat Bea nun davon. Sie hätte halt auch schau'n müssen, wo sie hinläuft. Weiß doch schließlich jeder, der schon mal im Schwimmbad war, dass man nicht über einen nassen Fußboden rennt."

Bert Otto, Schüler

„Naja, den Andi konnte ich noch nie so wirklich leiden. Deshalb habe ich ihn auch am Montag etwas blöd angemacht. Tut mir im Nachhinein auch leid. Aber wer hätte denn ahnen können, dass das Ganze so ausgeht. Jedenfalls haben ihn wohl die Mädchen mit ihrem Gekichere so verrückt gemacht, dass er gleich ins Klo gerannt ist, alle Wasserhähne aufgedreht und eine Wasserschlacht angefangen hat. Die Mädchen sind dann wie die gestochenen Hühner kreischend davongerannt. Was dann genau passiert ist, weiß ich nicht. Jedenfalls habe ich nur mitbekommen, dass Bea sich offensichtlich dabei verletzt hat, als sie auf dem Boden ausgerutscht ist."

Susi Sommer, Schülerin

„Also, das war am Montag in der Pause. Da kam der Andi in den Gang vor den Toiletten, hat sich an die Wand gelehnt und dann immer so blöd zu den anderen Jungs rübergesehen. Da hat der Bert ihn blöd von der Seite angemacht und ihn gefragt, warum er so blöd guckt. Das hat dem Andi natürlich nicht gepasst. Der hat sich das dann auch nicht gefallen lassen und hat den Bert geschubst. Daraufhin hat ihn Bert zurückgeschubst und Andi fiel hin. Das fanden wir sehr witzig, wie er bäuchlings auf uns zu rutschte. Jedenfalls war der Andi dann beleidigt und ist gleich ins Klo gerannt. Jedenfalls wollten wir schnell weg, wie er angefangen hat, das Wasser im Gang zu verteilen. Schließlich wollten wir ja nicht nass werden. Und da ist es dann passiert."

Bea Engel, Schülerin

„Ja, das hat ganz schön wehgetan, als ich da ausgerutscht bin. So schnell konnte ich gar nicht schau'n, wie ich auf dem Boden lag. Naja, jedenfalls war mir erst schwarz vor den Augen und ganz übel. Ich habe nur am Rande mitbekommen, wie Susi die Schulsanitäter geholt hat. Jedenfalls habe ich mir bei der ganzen Aktion das Handgelenk gebrochen. Immerhin bekommt Andi aber auch eine Strafe und muss nun die Schule putzen.“

Andrea Klaus, Schulsanitäterin

„Ich kam erst dazu, als das Ganze schon passiert war. Ein Schüler hatte auf dem Gang Wasser verteilt, sodass der Boden sehr rutschig war. Die Schülerin war darauf ausgerutscht und wollte sich wohl mit der rechten Hand noch abfangen. Jedenfalls ist sie sehr unglücklich gefallen und hat sich dabei das Handgelenk gebrochen. Wir haben den Bruch notdürftig versorgt und gekühlt. Anschließend wurde die Schülerin ins Krankenhaus gefahren.“

6 Halte nun die Antworten auf die W-Fragen in Form einer Mindmap fest! Fehlende Informationen darfst du ergänzen.

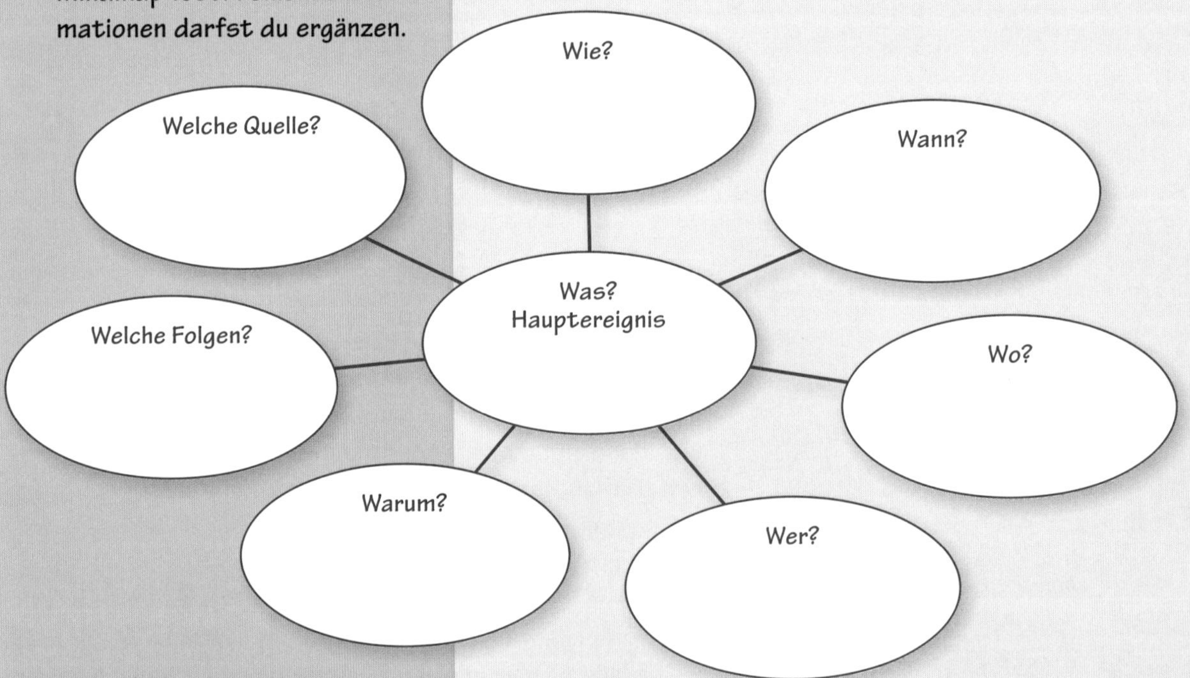

7 Bringe in einer Stichpunktsammlung die Informationen aus der Mindmap in die richtige Reihenfolge! Verwende einen eigenen Zettel!

Eine Erzählung in einen Bericht umwandeln

Tipp: Bei vielen Erzählungen befindet sich das Hauptereignis im Höhepunkt.

8 Markiere in den Zeugenaussagen die Antworten auf die W-Fragen wie folgt:
Was? = Grün
Wer? = Schlangenlinien
Wo? = doppelt unterstreichen
Wann? = einfach unterstreichen
Wie? = gepunktete Linie
Warum?
Welche Folgen? = Gelb
Welche Quelle?

Ein teures Federball-Match

Als ich am Samstag aufwachte, schien mir die Sonne ins Gesicht und die Vögel zwitscherten. Sofort war ich hellwach. Endlich mal wieder schönes Wetter! Endlich mal wieder rausgehen und spielen! Es war der erste schöne Tag seit Langem – die ersten zwei Wochen hatte es in den Ferien nur geregnet und ich hatte mich schon tödlich gelangweilt. Gleich nach dem Frühstück lief ich zu meinem Nachbarn Moritz hinüber und läutete. „Hallo Thomas“, begrüßte er mich strahlend, als er die Tür öffnete. „Hallo Moritz“, entgegnete ich fröhlich, „das Wetter ist so schön. Wollen wir rausgehen zum Spielen?“ „Klar!“, rief er, „ich hol mal die Federballschläger.“ „Gute Idee!“, antwortete ich. Er lief kurz ins Haus und kam gleich darauf mit zwei Federballschlägern und ein paar Bällen zurück. Wir gingen zusammen auf den Hof und spielten Federball. Richtig gut klappte das. In hohem Bogen segelte der weiße Federball vor dem strahlend blauen Himmel hin und her. Moritz und ich waren im Federball wahre Meister – darin hatten wir schon viel Übung.

Um ein bisschen mehr Spannung in das Spiel zu bringen, begannen wir nach einer Weile mitzuzählen. „30 Mal müssten wir schaffen“, schlug ich vor. Und tatsächlich – schon nach ein paar Anläufen hatten wir den Federball sogar 34 Mal hin und her geschlagen, bevor ich den Ball verschoss.

„Wir könnten ja mal einen schnelleren Ball nehmen“, meinte Moritz, „das ist dann ein bisschen schwerer. Was meinst du?“ „Gute Idee“, antwortete ich. „Wir könnten doch den kleinen rosa Gummiball nehmen, der eigentlich für Beach-Ball ist. Der wiegt mehr und müsste richtig zackig fliegen.“ „Na, ob das geht“, murmelte Moritz skeptisch, holte aber trotzdem den Gummiball und warf ihn mir mit der Hand zu. Ich nahm den rosa Ball, holte wie gewohnt aus und schlug zu. „Ups“, rief ich erschrocken, doch es war schon zu spät. Der Ball sauste mit einem Affenzahn durch die Luft. Moritz sprang noch nach oben, hatte aber keine Chance, den Ball zu erwischen. Es klirrte und die Scheibe der Garage von Moritz’ Eltern zersplitterte in tausend Scherben. „Oh nein“, jammerte ich und die Tränen stiegen mir in die Augen. „Das wollte ich nicht. Tut mir leid.“ Moritz sah mich auch ganz schön erschrocken an. „Oh je“, stammelte er, „da wird mein Vater aber nicht begeistert sein.“ Da öffnete sich auch schon die Haustür und Moritz’ Vater kam mit wütendem Gesicht herausgeschossen. „Was ist denn hier los?“, rief er und erblickte sogleich die kaputte Scheibe. „Es tut mir echt leid!“, stotterte ich, „der Ball war so schnell. Ich hab zu fest draufgehauen und da ist es passiert.“ „Aber mit dem Federball könnt ihr doch die Scheibe nicht kaputt gemacht haben“, sagte Herr

Maier ungläubig. „Wir haben den kleinen Gummiball genommen“, klärte ich ihn auf. „Naja“, sagte Herr Maier, „das werden wir halt mit eurer Haftpflichtversicherung klären müssen.“ Zum Glück war Herr Maier nicht weiter böse. Aber mit dem Federballspielen war es an diesem Tag erst mal vorbei.

9 Skizziere die Abfolge der Handlung in einer Stichpunktsammlung!

Informationen überprüfen

1 Betrachte folgende Zeichnung genau und überprüfe daraufhin den folgenden Beobachtungsbogen! Streiche falsch zugeordnete Informationen und ergänze fehlende Informationen!

Beobachtungsbogen

Was ist geschehen? (das Hauptereignis)
Max ärgert Moritz wegen dessen abstehenden Ohren; Moritz streckt Max die Zunge heraus; Max schlägt Moritz mit dem Schulbuch auf den Kopf; Moritz versucht Max zu würgen; die beiden prügeln sich;

Wer? (beteiligte Personen)
Max und Moritz, Fünftklässler

Check

2 Informationen zu einem Bericht finden

Wo? (allgemeine und genaue Ortsangaben)
Schulhof

Wann? (allgemeine und genaue Zeitangaben)
1. Pause

Wie? (die näheren Umstände)
mit Schulbuch

Welche Folgen? (Kosten, Strafen, Schaden, Belohnung)
Moritz: blaues Auge; Max: zerrissener Pullover;

Welche Quellen? (Zeugen, andere Informationsquellen)
Aussage des Hausmeisters

2 Bringe die Ereignisse in die richtige Reihenfolge! Schreibe Ziffern in die Kästchen!

- [ ] Hausmeister Böhme trennte die beiden Streitenden.
- [ ] Die Mitschüler liefen weg.
- [ ] Moritz war gerade dabei, Max am Hals zu packen.
- [ ] Die beiden prügelten sich.
- [ ] Max machte sich über Moritz' Segelohren lustig, indem er seine eigenen Ohren mit den Händen aufstellte.
- [ ] Max knallte daraufhin Moritz ein Schulbuch auf den Kopf.
- [ ] Als Reaktion darauf streckte Moritz Max die Zunge heraus.

Check

2 Informationen zu einem Bericht finden

Selbsttest

An dieser Stelle kannst du noch einmal dein Wissen überprüfen. Ergänze, wie du Informationen zu einem Bericht finden kannst! Stimmt deine Lösung, kannst du sie mit „Ja" abhaken, wenn nicht, kannst du dein Wissen auf den angegebenen Seiten nochmals vertiefen.

Was ich kann	Ja	Nein, dann übe ich noch mal	
W-Fragen Die acht W-Fragen lauten: …			→ S. 20
W-Fragen Die wichtigste W-Frage bezieht sich auf …			→ S. 21
W-Fragen Mit folgenden drei Möglichkeiten kann ich die Antworten auf die W-Fragen sammeln …			→ S. 21, 23
W-Fragen Mögliche Quellen sind …			→ S. 20
Aufbauprinzipien Im Vorspann kommen mindestens folgende W-Fragen vor: …			→ S. 23
Aufbauprinzipien Eine Stichpunktsammlung lege ich an, um …			→ S. 23
Aufbauprinzipien Bei einer Erzählung findet man das Hauptereignis meist …			→ S. 31

Aufbau eines Zeitungsberichts

Ein guter Zeitungsbericht hat die Aufgabe, den Leser sachlich, aber zugleich abwechslungsreich zu informieren. Dabei gibt er Antwort auf die W-Fragen: Wer macht was, wann, wo, wie, warum, und welche Quelle hat dies gemeldet?

Der Haupttitel
- nennt knapp das zentrale Ereignis.
- Du darfst dafür auch Satzbruchstücke verwenden.
- Unter dem Haupttitel erscheint manchmal ein bereits informierender Untertitel.

Baumhaus und Kirschbaum in Flammen

Der **Untertitel** gibt erste genauere Informationen.

Zündelnde Buben setzen bei Filmdreh Baumhaus in Brand

A. Vorspann:
Der Vorspann fasst das Hauptereignis in ein bis zwei Sätzen zusammen und beantwortet die wichtigsten W-Fragen. Die Auswahl hängt vom Ereignis ab.

Zwei Elfjährige entzündeten am Donnerstagnachmittag in Schwarzenbach am Wald ein Feuer in einem Baumhaus. Der Brand geriet außer Kontrolle und musste schließlich von der örtlichen Feuerwehr gelöscht werden.

B. Hauptteil – der eigentliche Bericht:
Er behandelt das Ereignis ausführlich, gibt Antwort auf alle W-Fragen und beinhaltet gegenüber dem Vorspann zusätzliche Informationen (*Was? Wie? Warum?*).
Einzelheiten des Vorfalls werden in exakter zeitlicher Reihenfolge wiedergegeben.

Diese Geschichte spielte sich in einem Gartengrundstück in der Schwarzenbacher Marienstraße ab, wo ein Kirschbaum zu einem Baumhaus umfunktioniert worden war. Mit trockenen Hobelspänen entfachten die beiden Jungs ein kleines Feuerchen. Die beiden Hobbyfilmer wollten anschließend das Löschen des Brandes filmen, doch das Feuer geriet zu ihrem Entsetzen außer Kontrolle. Es entzündete erst die Dachkunststofffolie und schließlich das ganze Baumhaus samt dem Kirschbaum. Den beiden Elfjährigen blieb da nur die schnelle Flucht vom Baumhaus. Das Löschen mussten sie dann der alarmierten Schwarzenbacher Feuerwehr überlassen.

C. Schluss:
Er enthält die Folgen des Ereignisses.

Glück im Unglück, dass den beiden Buben nichts geschah und sie mit dem Schrecken davon kamen. Ein materieller Schaden entstand nicht, vom total abgebrannten Baumhaus samt Kirschbaum abgesehen.

Frankenpost vom 28.04.07

! ***Merke:*** *Ein Bericht enthält*
keine spannungssteigernden Elemente,
*gibt **keine Gefühle** wieder,*
*enthält **keine unwichtigen Details***
*und **keine wörtliche Rede**.*

*Du berichtest in der **richtigen Reihenfolge**, Schritt für Schritt.*
*Der Bericht steht im **Präteritum bzw. Plusquamperfekt bei Vorzeitigkeit**.*

*Vermeide somit den Erlebnisstil und verwende den **Sachstil**!*

Verfassen eines Zeitungsberichts

Betrachte die nebenstehende Bildergeschichte! Für das Verfassen eines Zeitungsberichtes benötigst du zunächst alle Informationen über das Ereignis (W-Fragen).

1 Erarbeite aus der Bilderfolge alle W-Fragen anhand des Beobachtungsbogens! Erstelle anschließend aus deinen Informationen eine Stichpunktsammlung, die die genaue Handlungsfolge wiedergibt!

Beobachtungsbogen

Was ist geschehen? (das Hauptereignis)

___

___

Wer? (beteiligte Personen)

___

___

Wo? (allgemeine und genaue Ortsangaben)

___

Wann? (allgemeine und genaue Zeitangabe)

Wie? (die nähere Umstände)

Warum? (erkennbare Ursachen)

Welche Folgen? (Kosten, Strafen, Schaden, Belohnung)

Welche Quellen? (Zeugen, andere Informationsquellen)

Stichpunktsammlung

Stichpunktsammlung (Handlung der Reihe nach)

3 Einen Bericht schreiben – journalistische Form

2 Verfasse zu der Bildergeschichte einen Vorspann! Versuche, deinen Vorspann so knapp wie möglich zu gestalten!

Vorspann: ______________________

____

____

____

3 Schreibe nach der Stichpunktsammlung den Hauptteil!

Hauptteil: ______________________

____

____

____

____

____

____

____

____

____

____

____

____

____

4 Schluss (Folgen)

Schluss: ______________________

____

____

____

5 Zuletzt musst du über Haupttitel und Untertitel nachdenken und diese aufschreiben.

Haupttitel: ______________________

____

____

Untertitel: ______________________

____

____

____

3 Einen Bericht schreiben – journalistische Form

Aufbaumerkmale eines Zeitungsberichts

1 Betrachte die Bildgeschichte und lies den dazugehörigen Zeitungsbericht!

2 Bestimme dann die einzelnen Aufbaumerkmale und schreibe sie links daneben!

Ungewöhnlicher Feuerwehreinsatz in Naila

Feuerwehr fischt Einkaufskorb aus dem Teich

NAILA – Zu einem ungewöhnlichen Einsatz rückte die Feuerwehr Naila am Sonntagabend aus: Aus einem Fischteich bei Froschgrün fischten sie einen verloren gegangen Einkaufskorb mit wertvollem Inhalt.

Eine Mutter machte mit ihrer Tochter einen kleinen Fahrradausflug zu einem Fischteich, um die dort lebenden Tiere zu beobachten. Als die beiden am Teich nach Kaulquappen Ausschau hielten, kippte das Fahrrad der Mutter plötzlich um. Der Inhalt des Einkaufskorbs, den sie am Lenker angebracht hatte, fiel in den Teich, darunter auch die Handtasche mit Dokumenten und Schlüsseln. Die Tasche ging sofort unter und alle Versuche, die Handtasche in dem trüben Wasser zu finden, scheiterten. Der Frau blieb nichts anderes übrig, als die Feuerwehr zur Unterstützung zu rufen. Zehn Feuerwehrleute machten sich, mit Wat-Hosen ausgerüstet, in der Teichanlage auf die Suche. Die Feuerwehrler wurden schnell fündig und konnten der erleichterten Frau den triefenden, aber vollständigen Korb übergeben.

Als Dank spendete die Frau der Feuerwehr 20 €.

Frankenpost, 12.06.07

____

3 Finde zu folgendem Bild einen aussagekräftigen Haupttitel mit Untertitel!

Haupttitel:

____

____

____

Untertitel:

____

____

____

4 Verfasse den Vorspann zu den nebenstehenden Verkehrsunfällen!

Bild 1: ______________________________

____

____

____

____

____

____

____

Bild 2: ______________________________

____

____

____

____

____

____

____

5 Verfasse zur Bilderfolge einen vollständigen Zeitungsbericht! Schreibe die Vorbereitung für den eigentlichen Bericht (Mindmap oder Beobachtungsbogen sowie Stichwortsammlung) auf einen eigenen Zettel!

Fitness-Einheit

3 Einen Bericht schreiben – journalistische Form

Aufbau

Haupttitel

Untertitel

A. Vorspann

B. Hauptteil

C. Schluss

Bericht

Check

3 Einen Bericht schreiben – journalistische Form

1 Welche der folgenden Haupttitel hältst du für geeignet? Begründe deine Meinung!

Heiß begehrtes Mountainbike

Unverhofft kommt oft

Fahrraddiebstahl an der Luisen-Realschule

Eine böse Überraschung

Check

3 Einen Bericht schreiben – journalistische Form

Ein Fall für die Polizei

Fahrrad aus dem Fahrradkeller entwendet

Dreister Diebstahl

Schlamperei kommt teuer

2 Verbessere den folgenden Vorspann, indem du Überflüssiges streichst! Begründe deine Entscheidung!

Am vergangenen Donnerstag beobachtete eine Schülerin einen Schüler dabei, wie er sich in den Fahrradkeller der Luisen-Realschule schlich. Der mit einer dunklen Sonnenbrille getarnte Junge entwendete das nicht abgesperrte rote Mountainbike ihrer Schulfreundin und fuhr damit weg.

3 Wo liegen die Probleme des folgenden Hauptteils? Begründe und schreibe auf!

Aufgeregt berichtete die 11-jährige Schülerin Sandra B. der Polizei von dem Diebstahl eines Mountainbikes im Wert von 600 €. Sie hatte beobachtet, wie ein ihr unbekannter Schüler in den Fahrradkeller schlich und das Mountainbike entwendete. Sie beschrieb der Polizei genau das Aussehen des Diebes. Trotz dieser Angaben konnte der Dieb bislang nicht gefasst werden.

Check

3 Einen Bericht schreiben – journalistische Form

Selbsttest

An dieser Stelle kannst du noch einmal dein Wissen überprüfen. Ergänze, was du mittlerweile über das Schreiben eines Zeitungsberichts gelernt hast!
Stimmt deine Lösung, kannst du sie mit „Ja" abhaken. Wenn nicht, kannst du dein Wissen auf den angegebenen Seiten nochmals vertiefen.

Was ich kann	Ja	Nein, dann übe ich noch mal	
Methode Um einen Zeitungsbericht zu schreiben, muss ich folgende Vorarbeiten leisten: …			→ S. 23, 38, 43
Aufbauprinzip Ein Zeitungsbericht besteht grundsätzlich aus …			→ S. 36, 37
Arbeitsplan Beim Schreiben eines vollständigen Zeitungsberichts arbeite ich folgende Schritte ab: Ich beginne mit …			→ S. 38–40

Wissen

Es gibt verschiedene Anlässe, zu denen man einen Bericht in Form eines sachlichen Briefes schreibt.

Schadensberichte an Versicherungen

Sowohl bei Personen- als auch bei Sachschäden schreibst du der Versicherung genau, wie es zu dem Unfall gekommen ist und bittest die Versicherung darum, den Schaden zu übernehmen. Da die Versicherung den Fall sorgfältig prüft, um zu entscheiden, ob der Schaden bezahlt wird oder nicht, muss der Bericht sehr detailliert sein und alle wichtigen Fragen beantworten. Nach Möglichkeit sind Zeugen zu benennen, die der Versicherung im Zweifelsfall den Unfall noch einmal aus ihrer Sicht schildern können. Meist möchte die Versicherung außerdem Beweise dafür haben, dass die Angaben des Versicherten auch wirklich richtig sind. Dies können Fotos von dem beschädigten Gegenstand, der verletzten Person oder dem Unfallort sein, oder Rechnungen für eine Reparatur oder eine Operation. Solche Belege fügst du dem Bericht als **Anlagen** bei.

Hans Schulte
Papageienstraße 100
83000 Vogelstadt

Haftpflichtversicherung Gehtklar
Sicherstraße 1
83007 Geldheim

Vogelstadt, den 17.06.2009

Schadensmeldung; Versicherungsnummer 345789
Kosten für die Reinigung eines Kleides

Sehr geehrte Damen und Herren,

hiermit möchte ich Ihnen im Rahmen meiner Haftpflichtversicherung einen Schadensfall melden. Am 01. April 2009 verschmutzte einer meiner Papageien in meinem Laden in der Papageienstraße 100 in Vogelstadt das Kleid einer Kundin. Das Kleid musste in die Reinigung gebracht werden.

Am 01. April 2009 kam Frau Schreck in meine Tierhandlung, weil sie einen sprechenden Vogel kaufen wollte. Ich zeigte ihr einige Vögel, unter anderem einen Papagei. Frau Schreck provozierte den Vogel dadurch, dass sie zu nahe an dessen Käfig heranging und mit ihm sprach. Deshalb kackte er ihr auf ihr Kleid. Das Kleid musste daraufhin in die Reinigung gebracht werden. Die Kosten für die Reinigung betrugen 20 €.

Herr Ehrlich, der gleichzeitig als Kunde in meinem Laden anwesend war, kann die Richtigkeit meiner Angaben bezeugen. Er wohnt in der Reinlichstraße 7 in 83000 Vogelstadt.

Nun möchte ich Sie bitten, die Kosten für die Reinigung im Rahmen der Haftpflichtversicherung zu übernehmen. Bitte überweisen Sie die Summe von 20 € auf mein Konto: Kontonummer 99987, Bankleitzahl 55467, Kreissparkasse Vogelstadt. Die Rechnung für die Reinigung des Kleides finden Sie im Anhang.

Vielen Dank im Voraus für Ihre Bemühungen.
Mit freundlichen Grüßen
Hans Schulte

Anlagen:
Rechnung für die Reinigung des Kleides

Wissen

4 Im sachlichen Brief berichten

Info: Versicherungen

*Fast jeder hat eine **Haftpflichtversicherung**. Kinder sind normalerweise bei ihren Eltern mitversichert. Wenn man als Versicherter einem anderen Schaden zufügt, d. h. entweder etwas kaputt macht oder den anderen verletzt, ersetzt die Haftpflichtversicherung den entstandenen Schaden. Das kann unter Umständen sehr teuer werden, beispielsweise wenn du beim Nachbarn versehentlich einen Glastisch zerschlagen hast oder wenn du dem anderen aus Versehen einen Ball ins Gesicht geschossen hast und dieser dann eine neue Brille benötigt.*
*Bei Auto-Unfällen tritt die **Kraftfahrzeugversicherung** ein.*
*Die **Krankenversicherung** ist dann zuständig, wenn du dich bei einem Unfall verletzt hast und deswegen zum Arzt musst.*

Anzeige bei der Polizei

Ein Bericht in Form eines sachlichen Briefes ist auch möglich, wenn du eine Anzeige bei der Polizei erstatten möchtest. Hast du beispielsweise eine Straftat beobachtet (z. B. einen Diebstahl oder wie jemand einen anderen zusammengeschlagen hat), teilst du der Polizei genau mit, was passiert ist, damit die Polizei den Schuldigen herausfinden und weitere Maßnahmen ergreifen kann.
Auch bei der Anzeige sollte man nach Möglichkeit Zeugen benennen und wichtige Anlagen (z. B. ein Foto oder eine Rechnung von dem gestohlenen Gegenstand) beifügen.

Maika Mollig
Hauptstr. 1
83026 Rosenheim

An die Polizeidirektion Rosenheim
Kriminalstr. 13
83026 Rosenheim

Rosenheim, den 17.06.2009

Anzeige wegen Fahrraddiebstahl

Sehr geehrte Damen und Herren,

am 1. Juni 2009 wurde in der Bahnhofstraße 7 in Rosenheim mein Fahrrad gestohlen. Daher möchte ich Anzeige wegen Diebstahls erstatten.

Am 1. Juni 2009 stellte ich gegen 18 Uhr mein Fahrrad an dem Fahrradständer vor dem Haupteingang des Bahnhofes ab. Zur Sicherheit schloss ich den Rahmen mit einem Nummernschloss an dem Fahrradständer an. Als ich um 21 Uhr mein Fahrrad wieder abholen wollte, war es verschwunden.

Es handelte sich um ein rotes Damenfahrrad mit der schwarzen Aufschrift „MaxiKing“ auf dem Rahmen und mit einem gelben Sattel. Das Fahrrad war Baujahr 2005 und hatte die Seriennummer 087653. Es hatte einen Neuwert von 329,95 €.

Anbei finden Sie die Rechnung für das Fahrrad, dem sie noch einmal alle wichtigen Beschreibungen zu dem Modell entnehmen können.

Vielen Dank im Voraus für Ihre Bemühungen.
Mit freundlichen Grüßen
Maika Mollig

Anlagen: Rechnung für das Fahrrad

Beschwerde oder Reklamation

Ein häufiger Anlass für Berichte sind Beschwerden.
Wenn du eine neue Ware gekauft hast und danach merkst, dass diese fehlerhaft ist, schreibst du eine Beschwerde. Dies nennt man **Reklamation**.
Du möchtest, dass die Ware entweder repariert oder durch ein neues Exemplar ersetzt wird. Unter Umständen kannst du auch dein Geld zurückfordern.
Natürlich ist es auch bei der Beschwerde oder Reklamation besonders wichtig, genau zu berichten, was passiert ist bzw. welcher Schaden vorliegt. Auch hier sind Belege in Form von Anlagen (z. B. beschädigter Gegenstand, Foto von dem Gegenstand, Rechnung) nötig. Denn nur dann kann der Adressat die Beschwerde richtig bearbeiten.

Hans Hallodri
Schusselstr. 6
83224 Staudach

An den Kundenservice Technomax
Radiostr. 5
83026 Rosenheim

Rosenheim, den 17.06.2009

Reklamation Stereoanlage / Rechnungsnummer 9853454

Sehr geehrte Damen und Herren,

leider musste ich feststellen, dass die Stereoanlage, die ich bei Ihnen am 10.06.2009 gekauft habe (Rechnungsnummer 9853454), einen Fehler enthält.

Es handelt sich um das Modell Highend 1313 von Stereosound. Die Anlage kann offenbar keine CDs abspielen: Wenn ich eine CD einlege, erscheint nur die Fehlermeldung „No CD“ auf dem Display und es wird kein Ton abgespielt. Ich habe es bereits mit verschiedenen Original-CDs versucht.

Nun möchte ich Sie bitten, die Stereoanlage im Rahmen der Garantieleistung zu reparieren oder mir ein neues Gerät zuzusenden. Anbei finden Sie das Gerät in der Originalverpackung mit allem mitgelieferten Zubehör sowie die Rechnung.

Vielen Dank im Voraus für Ihre Bemühungen.
Mit freundlichen Grüßen
Hans Hallodri

Anlagen:
Stereoanlage mit Zubehör, Rechnung

Wissen

4 Im sachlichen Brief berichten

Äußere Form
Sachliche Briefe haben immer eine genau vorgeschriebene äußere Form die du unbedingt beachten musst.

Briefkopf
Der sachliche Brief hat einen **Briefkopf** mit **Name, Adresse des Absenders und des Empfängers (Adressat)**. Hinzu kommen **Ort** und **Datum** des Briefes.

Hans Schulte
Papageienstraße 100
83000 Vogelstadt

Haftpflichtversicherung Gehtklar
Sicherstraße 1
83007 Geldheim

Vogelstadt, den 17.06.2009

Betreffzeile
Im Gegensatz zum persönlichen Brief, den du an einen Freund oder an eine Freundin schreibst, musst du beim sachlichen Brief eine **Betreffzeile** einfügen. Der Empfänger soll auf einen Blick erkennen können, worum es geht.
Bei einem Brief an die Versicherung musst du die eigene **Versicherungsnummer** mitteilen.

Schadensmeldung; Versicherungsnummer 345789
Kosten für die Reinigung eines Kleides

***Info:* Betreffzeile**

Häufige Formulierungen für die Betreffzeile sind:
- *Bei einem Brief an die Versicherung:* ***„Schadensmeldung Haftpflichtversicherung, Versicherungsnummer 12345"***
- *Bei einer Beschwerde oder Reklamation:* ***„Beschwerde über ...", „Bitte um Umtausch/Rückerstattung/Reparatur ...",***
- *Bei einer Anzeige:* ***„Anzeige wegen ..."***

Wissen

4 Im sachlichen Brief berichten

Begrüßung und Anrede

Sehr geehrte Damen und Herren,

! Info: Begrüßung und Anrede

- *Achte auf eine **angemessene Begrüßung**.*
- *Normalerweise spricht man einen Erwachsenen, den man nicht kennt, mit **„Sehr geehrter Herr …"** bzw. **„Sehr geehrte Frau …"** an.*
- *Wenn man den Namen desjenigen, der den Antrag bearbeitet, nicht kennt, verwendet man die Formel **„Sehr geehrte Damen und Herren"**.*
- ***„Lieber Herr …"** bzw. **„Liebe Frau …"** verwendet man nur, wenn man den Adressaten besser kennt.*
- *Die umgangssprachlichen Formulierungen **„Hallo"** oder **„Hi"** sind im sachlichen Brief völlig unpassend.*
- *Die persönlichen **Anreden („Sie", „Ihnen")** sowie alle besitzanzeigenden Pronomen (Possessivpronomen, z. B. **„Ihr** Auto**")** musst du im sachlichen Brief **groß** schreiben.*

Einleitung

In der **Einleitung** formulierst du dein Anliegen und erklärst, warum du den Brief schreibst. Hier beantwortest du, genau wie im Vorspann des Zeitungsberichts, in aller Kürze die wichtigsten W-Fragen: *Was* ist passiert? *Wer* war beteiligt? *Wo* ist es passiert? *Wann* ist es passiert? *Welche Folgen* hatte das Ereignis?

hiermit möchte ich Ihnen im Rahmen meiner Haftpflichtversicherung einen Schadensfall melden. Am 01. April 2009 verschmutzte einer meiner Papageien in meinem Laden in der Papageienstraße 100 in Vogelstadt das Kleid einer Kundin. Das Kleid musste in die Reinigung gebracht werden.

Hauptteil

Im **Hauptteil** berichtest du Schritt für Schritt und in der richtigen Reihenfolge, was passiert ist. Hier müssen alle W-Fragen haargenau beantwortet werden. Vor allem musst du den entstandenen Schaden exakt beziffern. Du formulierst knapp, sachlich und genau.

Am 01. April 2009 kam Frau Schreck in meine Tierhandlung, weil sie einen sprechenden Vogel kaufen wollte. Ich zeigte ihr einige Vögel, unter anderem einen Papagei. Frau Schreck provozierte den Vogel dadurch, dass sie zu nahe an dessen Käfig heranging und mit ihm sprach. Deshalb kackte er ihr auf ihr Kleid. Das Kleid musste daraufhin in die Reinigung gebracht werden. Die Kosten für die Reinigung betrugen 20 €.

Schluss
Zum **Schluss** benennst nach Möglichkeit Zeugen mit allen sachdienlichen Angaben. Du wiederholst noch einmal deutlich dein Anliegen, zum Beispiel Übernahme der Kosten oder eine Reparatur. Falls die Versicherung bzw. ein Geschäft Geld überweisen soll, musst du gleich deine Bankdaten angeben.

Herr Ehrlich, der gleichzeitig als Kunde in meinem Laden anwesend war, kann die Richtigkeit meiner Angaben bezeugen. Er wohnt in der Reinlichstraße 7 in 83000 Vogelstadt.

Nun möchte ich Sie bitten, die Kosten für die Reinigung im Rahmen der Haftpflichtversicherung zu übernehmen. Bitte überweisen Sie die Summe von 20 € auf mein Konto: Kontonummer 99987, Bankleitzahl 55467, Kreissparkasse Vogelstadt. Die Rechnung für die Reinigung des Kleides finden Sie im Anhang.

Formulierungen für den Schluss

*Info: **Formulierungen für den Schluss***

- ***Unfall- oder Schadensbericht:*** *„Nun möchte ich Sie darum bitten, die Kosten im Rahmen meiner Haftpflichtversicherung zu übernehmen."*
- ***Reklamation:*** *„Ich bitte Sie daher, das Gerät gegen ein neues auszutauschen/mir den Kaufpreis zurückzuerstatten/die Reparatur zu übernehmen."*
- ***Anzeige:*** *„Ich hoffe, dass Sie den Täter bald finden." „Bitte informieren Sie mich, sobald Sie mein Fahrrad/den Täter gefunden haben."*

Grußformel und Unterschrift
Danach kommt die **Verabschiedung** in Form einer angemessenen Grußformel. Üblich sind **„Das veraltete *„Hochachtungsvoll"*** ist im sachlichen Brief ebenso unangebracht wie persönliche Formulierungen wie ***„Liebe Grüße"***. Benütze auf keinen Fall Kürzel wie ***„LG"*** oder ***„MfG"***! Nach der Grußformel **unterschreibst** du den Brief **handschriftlich** mit **Vor- und Nachname**.

Vielen Dank im Voraus für Ihre Bemühungen.
Mit freundlichen Grüßen
Hans Schulte

*Info: **Grußformel und Unterschrift***

Folgende Grußformeln sind im sachlichen Brief angebracht:

- ***„Vielen Dank im Voraus für Ihre Bemühungen"***
- ***„Mit freundlichen Grüßen"***
- ***„Hochachtungsvoll"*** *ist möglich, klingt aber etwas veraltet.*

Im sachlichen Brief unangebracht sind persönliche Formulierungen wie „Liebe Grüße". Benütze auf keinen Fall Kürzel wie „LG" oder „MfG".

Wissen

4 Im sachlichen Brief berichten

Anlagen

Anlagen:
Rechnung für die Reinigung des Kleides

Info: Anlagen

Füge deinem Bericht Anlagen bei, die beweisen, dass deine Angaben richtig sind, z. B. Fotos von einem beschädigten Gegenstand, die Rechnung für ein kaputtes Gerät!
Liste die beigelegten Anlagen am Ende deines Briefes stichpunktartig auf!

Einen sachlichen Brief verfassen

Anna Blond hat einen Unfall verursacht. Nun schreibt sie einen Brief an ihre Haftpflichtversicherung. Verfasse diesen Brief und achte dabei auf die äußere Form! Ergänze gegebenenfalls fehlende Informationen!

1 Betrachte zunächst einmal, was hier passiert ist!

Montag, den 11.11.2010. Anna Blond und Max Strupp in der Kraftstraße in Nürnberg

Im Hintergrund in Bild 4: Frau Streng, wohnhaft in der Kraftstraße Nr. 13

In Bild 6: Herr Peter Strupp

Im sachlichen Brief berichten

2 Sammle nun die W-Fragen mit Hilfe einer Mindmap! Ergänze fehlende Informationen!

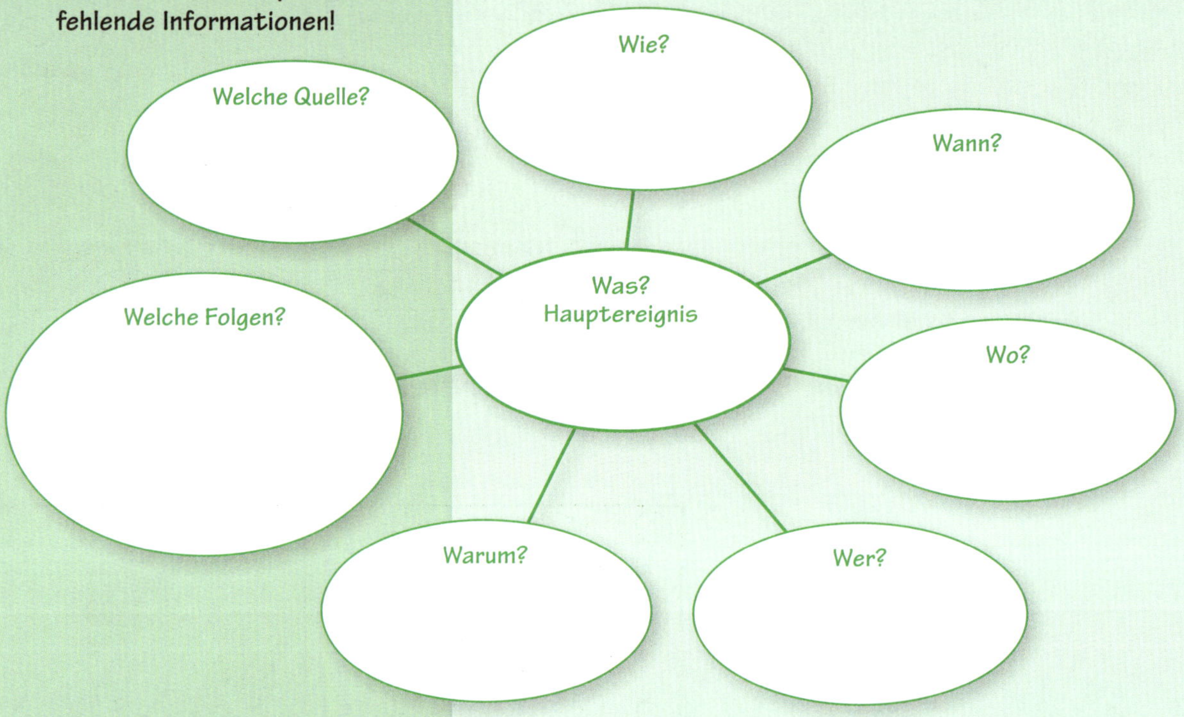

3 Halte in einer Stichpunktsammlung die Reihenfolge der Ereignisse fest!

4 Formuliere jetzt den Brief auf einem Blockblatt!

Sachliche Briefe zu verschiedenen Anlässen verfassen

1 Löse die folgenden Einzelaufgaben!
Schreibe die Lösungen zu einem Bild deiner Wahl auf diese Seite im Buch! Verwende für die weiteren Lösungen deinen eigenen Schreibblock!

a) Formuliere das Hauptereignis (Was?) zu den Zeichnungen eins bis vier!

a) ______

b) Welche Folgen könnte das jeweilige Ereignis haben?

b) ______

c) Wer könnte jeweils einen sachlichen Brief schreiben, an wen und zu welchem Zweck?

c) ______

d) Formuliere passende Betreffzeilen!

d) ______

e) Notiere stichpunktartig, welche Anlagen man jeweils beifügen könnte!

e) ______

2 Betrachte zunächst das folgende Bild und die dazugehörigen Zeugenaussagen!

Am Freitag, 13.03.2009, auf dem Schulhof des Dientzenhofer-Gymnasiums in Bamberg

Zeugenaussagen

Kurt Kratz, Anna Albern und Sonja Fröhlich berichten dem Hausmeister von dem Vorfall:

Kurt: Meine teure neue Mütze ist kaputtgegangen. Der blöde Max hat sie kaputt gemacht! Die Mütze hat 50 € gekostet!

Anna: Ich hab' alles gesehen. Max Groß und Kurt haben beide an der Mütze gezerrt und dabei ist sie zerrissen.

Sonja: Der Max ärgert immer die Kleinen aus der 5. Klasse. Neulich hat er den Friedrich in den Müllcontainer geschmissen. Max hat dem Kurt Klein die Mütze weggenommen. So eine schöne rote Mütze war das. So eine hat mein Bruder auch. Und dann haben er und noch so ein anderer Großer die Mütze hin- und her geworfen.

Anna: Das war der Franz Frech aus der 9. Klasse. Der geht in dieselbe Klasse wie der Groß.

Kurt: Genau. Dabei hab' ich denen gar nichts getan. Die wollten mir die Mütze nicht mehr geben. Ich bin der Mütze hinterher gerannt. Ich hab ihnen ein paar Mal gesagt, sie sollen aufhören, aber sie haben einfach weitergemacht. Das fand ich voll gemein. Dann hab' ich die Mütze endlich erwischt. Aber der Max wollte sie nicht loslassen. Ich hab' daran gezogen und dabei ist das Ding kaputtgegangen. Meine Mama wird schimpfen …

3 Beantworte zunächst die W-Fragen auf dem Beobachtungsbogen!
Max Groß wohnt in der Grobianstraße 13 in 13131 Schuhstadt.
Die Adresse der Versicherung lautet:
Versicherung Klaro, Geldstraße 7, 13131 Schuhstadt.
Ergänze fehlende Informationen und Daten!

Beobachtungsbogen

Was ist geschehen? (das Hauptereignis)

____

____

Wer? (beteiligte Personen)

____

____

Wo? (allgemeine und genaue Ortsangaben)

____

____

Wann? (allgemeine und genaue Zeitangaben)

____

Wie? (die nähere Umstände)

____

____

____

____

Warum? (erkennbare Ursachen)

____

____

Welche Folgen? (Kosten, Strafen, Schaden, Belohnung)

____

____

Welche Quellen? (Zeugen, andere Informationsquellen)

____

Löse die folgenden Aufgaben auf deinem eigenen Schreibblock.

4 Erstelle eine Stichpunktsammlung!

5 Max Groß schreibt einen Brief an seine Haftpflichtversicherung und bittet darum, den Schaden zu ersetzen. Verfasse diesen Brief!

Check

4 Im sachlichen Brief berichten

1 In diesem Brief sind ziemlich viele Fehler enthalten. Findest du sie? Untersuche den Brief nach den Aufbaukriterien:
- Absender und Empfänger
- Ort und Datum
- Betreffzeile
- Anrede
- Einleitung
- Hauptteil
- Schluss
- Grußformel
- Unterschrift
- Anlagen

Haftpflicht-Versicherung
Blumenweg 7
8888 Ideenstadt

von
Hans
Friedensstraße 8
8888 Ideenstadt

Betreff: Können Sie mir Hans' Fahrrad reparieren?

Hallo,
gestern habe ich mir das Fahrrad von meinem Kumpel ausgeliehen. Dabei habe ich es kaputt gemacht.
Es war ein schönes Mountainbike, das ich mir ausgeliehen habe. Irgendwie bin ich ins Schleudern geraten und gestürzt. Jetzt funktionieren die Bremse und die Gangschaltung nicht mehr.
Es wäre nett von ihnen, wenn sie mir bald antworten können.

Mit freundlichen Grüßen
Hans

Selbsttest

An dieser Stelle kannst du dein Wissen überprüfen. Ergänze was du mittlerweile über das Berichten in Form eines sachlichen Briefes gelernt hast! Stimmt deine Lösung, kannst du sie mit „Ja" abhaken, wenn nicht, kannst du dein Wissen auf den angegebenen Seiten nochmals vertiefen.

Was ich kann	Ja	Nein, dann übe ich noch mal	
Schreibanlässe Die Hauptadressaten eines Berichts in Form eines sachlichen Briefes sind …			→ S. 48–50
Der formale Rahmen Zähle die einzelnen Bestandteile eines sachlichen Briefes in der richtigen Reihenfolge auf.			→ S. 51–54

Check

Fitness-Einheit

4 Im sachlichen Brief berichten

Was ich kann	Ja	Nein, dann übe ich noch mal	
Betreffzeile Die Betreffzeile erfüllt folgenden Zweck: …			→ S. 51
Einleitung Der Vorspann des Zeitungsberichts und der Briefanfang im sachlichen Brief haben folgende Gemeinsamkeiten: …			→ S. 52
Hauptteil Haargenau führe ich im Hauptteil __________ aus.			→ S. 52
Schluss Der Schluss enthält ….			→ S. 53
Grußformeln Die üblichen Grußformeln am Anfang und am Ende lauten …			→ S. 52, 53
Anlagen Man fügt dem Brief Anlagen bei, um …			→ S. 54
Rechtschreibung Bei der Anrede ist zu beachten, …			→ S. 52

Die Tempora im Bericht

Im Bericht verwendest du das **Präteritum** als Zeitform, da die Ereignisse in der Vergangenheit liegen.

Regelmäßige (schwache) Verben:
Sie bilden das Präteritum mit einem **t** zwischen Stamm und Endung.

Infinitiv: sagen
Präteritum: ich sag-**t**-e, du sag-**t**-est, er sag-**t**-e
wir sag-**t**-en, ihr sag-**t**-et, sie sag-**t**-en

Unregelmäßige (starke) Verben:
Sie bilden das Präteritum durch eine Änderung des Stammvokal.

Infinitiv: schw**i**mmen
Präteritum: ich schw**a**mm, du schw**a**mmst, er schw**a**mm, wir schw**a**mmen, ihr schw**a**mmet, sie schw**a**mmen

Für Ereignisse, die sich vor einem Zeitpunkt in der Vergangenheit abgespielt haben, verwendest du hingegen das **Plusquamperfekt** (Vorvergangenheit). Das **Plusquamperfekt** wird mit dem Präteritum der Hilfsverben **haben** und **sein** und dem **Partizip II** gebildet.

Plusquamperfekt:
Ich **hatte** es mir anders **vorgestellt**.
Ich **war** bereits **eingeschlafen**.

Partizip II = Partizip Perfekt:
sagen – gesagt
schwimmen – geschwommen

Das Plusquamperfekt braucht man meist bei Nebensätzen, die mit „nachdem" eingeleitet werden, da diese eine zeitliche Abfolge festlegen.

Nachdem der Lehrer die Hefte **ausgeteilt hatte**, **verglichen** wir die Ergebnisse.

Sätze sinnvoll miteinander verknüpfen

Wichtig für einen guten Stil ist es, dass du Sätze nicht einfach nur aneinanderreihst, sondern sinnvoll miteinander verknüpfst.
Dabei helfen dir passende **Konjunktionen**. Mit Konjunktionen kann man sowohl Hauptsätze miteinander verbinden (**Satzreihe**), als auch Hauptsatz und Nebensatz (**Satzgefüge**).

Satzreihe: *Hauptsatz und Hauptsatz*
Er fuhr gegen den Bordstein. **Daraufhin** stürzte er zu Boden

Satzgefüge: *Hauptsatz und Nebensatz*
Er stürzte zu Boden, **nachdem / da** er gegen den Bordstein gefahren war.

Wissen

5 Die Sprache des Berichts

Einen Nebensatz erkennst du an folgenden Kennzeichen:
- Er wird meist durch eine Konjunktion eingeleitet.
- Er kann nicht alleine stehen.
- Das konjugierte Verb steht am Ende.
- Er wird durch ein Komma vom Hauptsatz getrennt.

Im Bericht spielen vor allem folgende Nebensätze eine Rolle:

Temporale Nebensätze stellen eine zeitliche Abfolge her.

Temporale Nebensätze

Häufige Konjunktionen:
als – während – nachdem – bevor – zuvor – ehe etc.

Nachdem er den Unfall verursacht hatte, rief er die Polizei.

Als die Polizei eintraf, räumten die Schaulustigen die Unfallstelle.

Während das Opfer auf die Sanitäter wartete, sprach ihm der Unfallverursacher gut zu.

Kausale Nebensätze enthalten eine Begründung.

Kausale Nebensätze

Häufige Konjunktionen:
da – weil – deshalb – dadurch, dass etc.

Da/Weil er nicht aufgepasst hatte, fuhr er in den Rinnstein.

Weil er seinem Mitschüler ein Bein gestellt hatte, fiel dieser hin.

Dadurch, dass er Wasser auf den Rechner geschüttet hatte, ging dieser kaputt.

Konzessive Nebensätze nennen einen Gegensatz oder Widerspruch zur Aussage des Hauptsatzes.

Konzessive Nebensätze

Häufige Konjunktionen:
obwohl – obschon – obzwar – obgleich etc.

Obwohl die Ampel Rot zeigte, fuhr er weiter.

Obgleich er auf die Bremse getreten hatte, fuhr er auf das Auto auf.

Die Tempora im Bericht

1 Bilde von den folgenden Infinitivformen das Präteritum und das Plusquamperfekt in der ersten Person Singular!

Infinitiv	Präteritum	Plusquamperfekt
beginnen	*ich begann*	*ich hatte begonnen*
brechen		
fliegen		
geben		
können		
schieben		
schlafen		
fahren		
laufen		

Sätze miteinander verknüpfen

2 Setze passende Konjunktionen ein!

1. __________________ der Lehrer einen Moment nicht aufgepasst hatte, flog die Schultasche aus dem Fenster.

2. __________________ Franz zu fest geschossen hatte, flog der Ball durch das Fenster.

3. __________________ er die Scheibe eingeschossen hatte, lief er davon.

4. __________________ das Handy zerbrochen war, bat Luise um Schadensersatz.

5. Der Abfalleimer war in Brand geraten, __________________ eine Passantin eine glühende Zigarette hineingeworfen hatte.

6. __________________ er vergessen hatte, den Wasserhahn abzustellen, lief das Wasser über.

7. __________________ er sich vorgenommen hatte aufzupassen, schüttete er den Becher mit dem Wasser um.

8. __________________ er zum Wasserbecken ging, rutschte er aus und fiel hin.

Sachstil

3 **Verbessere den Zeitungsbericht, indem du überflüssige und unsachliche Bemerkungen streichst!**

Flocke auf Entdeckungstour

Erstmals wurde am gestrigen Dienstag, dem 8. April 2008, die Nürnberger Eisbärin Flocke, die nun rund vier Monate alt ist, der Öffentlichkeit präsentiert. Sie ging in ihrem neuen Gehege im Aqua-Park des Tiergartens Nürnberg auf Entdeckungstour.

Die Tierpfleger Petra F. und Horst M. brachten Flocke, das Eisbärenjunge, das am 11. Dezember 2007 im Nürnberger Tiergarten von der Eisbärin Vera geboren wurde, vor den Augen der Zoobesucher und der anwesenden Journalisten in ihr neues Gehege im Aqua-Park des Nürnberger Tiergartens. Flocke war wirklich unglaublich süß – toll, wie sie in ihrem Gehege herumtollte. Auch Annika G., eine Besucherin, war ganz dieser Meinung: „Ein niedlicher Bär!“ Neugierig erkundete die Eisbärin Flocke, die bereits 30 Kilogramm wiegt, ihr neues Zuhause, ein Freigehege. Sie kletterte auf den Felsen in ihrem Gehege herum, schwamm anschließend in ihrem Wasserbecken und spielte mit ihren Pflegern. Flocke, die, seit sie am 8. Januar 2008 von ihrer Mutter Vera getrennt werden musste, von Tierpflegern aufgezogen wurde (schade, es wäre besser für das Tier gewesen, wenn es bei seiner Mutter hätte aufwachsen können), stellte sich damit erstmals der Öffentlichkeit vor. Zwar gab es bereits Foto- und Filmaufnahmen des Eisbärenbabys, aber erst seit gestern können die Besucher des Tiergarten Nürnbergs die kleine Eisbärin in ihrem Zoogehege beobachten. Interessierte können Flocke täglich im Aqua-Park des Nürnberger Tiergartens von 9 bis 11 Uhr, von 13 bis 14 Uhr und von 15.30 bis 17.30 Uhr besuchen. Den Lesern dieses Berichts kann nur empfohlen werden, sich die kleine Eisbärin selbst anzuschauen: Sie werden begeistert sein!

Der sachliche Brief

4 Verbessere den Brief, indem du überflüssige und unsachliche Bemerkungen streichst!

Steffi Strahl
Gartenweg 27
91575 Windsbach

Windsbach, den 5.03.2009

An das
Tourismusbüro Pottenstein
Forchheimer Straße 1
91278 Pottenstein

Bitte um Informationsmaterial

Sehr geehrte Damen und Herren,

stellvertretend für die Klasse 6a des Johann-Sebastian-Bach-Gymnasiums in Windsbach bitte ich Sie zur Planung unseres Aufenthalts vom 22.06. bis 26.6.2009 im Schullandheim Pottenstein um Informationsmaterial.

Sie werden es nicht glauben, aber wir haben tatsächlich den ersten Preis in einem Grammatikwettbewerb gewonnen! Deshalb dürfen wir im Juni ins Schullandheim fahren! Wenn Katja nicht in letzter Minute noch eingefallen wäre, was ein Adverb ist, wäre es allerdings nichts mit unserem Sieg geworden! Aber es hat ja doch noch geklappt. Besonders interessieren würde uns, welche Sehenswürdigkeiten wir in Pottenstein oder in der Nähe besichtigen könnten. Wir haben gehört, dass die Führungen durch die Teufelshöhle, die schon mehrere Millionen Jahre alt ist, sehr beeindruckend sind. Stimmt das? Wir wären Ihnen dankbar, wenn Sie uns auch darüber informieren könnten, welchen Aktivitäten wir nachgehen könnten. Kann man bei Ihnen wirklich Fossilien finden? Das wäre echt cool! Philipp Meier kennt sich damit aus und hat das behauptet.

Wir bedanken uns schon im Voraus für die Zusendung der Unterlagen!

Mit freundlichen Grüßen

Steffi Strahl

Die Tempora im Bericht

1 Ordne die jeweiligen Zeitformen einander zu! Setze anschließend die Buchstaben in der richtigen Reihenfolge zum Lösungswort zusammen!

fährt	1	☐	☐	E blieb
ereignet	2	☐	☐	S lief
bleibt	3	☐	☐	N rannte
muss	4	☐	☐	H brach
hält	5	☐	☐	D verletzte
läuft	6	☐	☐	L ereignete
fällt	7	☐	☐	H hielt
bricht	8	☐	☐	A prallte
prallt	9	☐	☐	E ging
verletzt	10	☐	☐	B fuhr
geht	11	☐	☐	C musste
rennt	12	☐	☐	C fiel

Lösungswort: ______________________

2 Setze die Wörter aus dem Wortspeicher in der richtigen Tempusform in die Lücken ein! Achte auf die richtige Rechtschreibung!

bleiben	überqueren
erleiden	übersehen
entstehen	müssen
fahren	stürzen
ereignen	

Gestern ______________ sich um 16.00 Uhr ein schwerer Unfall. Ein 15-jähriger Mofafahrer ______________ bei Rot über die Ampel. Dabei ______________ er einen kleinen Jungen, der gerade die Straße ______________. Beide ______________ zu Boden. Der Junge ______________ mit mehreren Rippenbrüchen liegen. Der Mofafahrer ______________ zahlreiche Abschürfungen. Beide ______________ ins Krankenhaus gebracht werden. Am Mofa ______________ ein Sachschaden von 200 €.

3 Fülle die Verben in der richtigen Vergangenheitsform in die Lücken ein!

Am Dienstag ______________ (bringen) eine Maus eine ganze Klasse in Aufruhr. Sie ________ (sein) einer Schülerin heimlich in die Schultasche __________ (schlüpfen). Dabei __________ (haben) die Schülerin bereits am Morgen nach der Maus __________ (suchen), sie aber nicht __________ (finden) und ______________ (sein) daraufhin ahnungslos in die Schule ______________ (gehen). Als sie die Maus schließlich ____________ (bemerken) und aus ihrem Schulranzen ____________ (holen), ____________ (schreien) eine Mitschülerin aus lautem Halse, sodass die Maus von der Hand der Schülerin ____________ (springen) und durchs Klassenzimmer ____________ (flitzen). Die Lehrerin, Frau Klammerbein, ____________ (springen) in ihrer Angst auf das Lehrerpult und ____________ (bitten) einen Schüler, im Nachbarzimmer um Hilfe zu suchen. Schließlich ____________ (können) die Klasse die Maus doch noch einfangen und der Unterricht ____________ (nehmen) seinen weiteren Verlauf.

4 Verbessere im folgenden Bericht die Tempusformen! Unterstreiche hierfür die Verben, die in der falschen Zeit stehen und schreibe anschließend den Bericht in der richtigen Form auf deinem Schreibblock ab!

Kind beinahe überfahren

Wesentlich schlimmer hätte ein Zwischenfall gestern Nachmittag beim Schullandheim in Neukirchen bei Coburg ausgehen können. Zwei Schulklassen aus Bamberg verbringen dort eine Ferienwoche. Die Fußballmannschaften der Klassen 5e und 5d des Clavius-Gymnasiums liefern sich gerade ein Match. Der Tormann der 5e, der elfjährige Tobias Tischbein, kann einen Schuss auf sein Tor abwehren, doch der Ball fliegt über das Tor und rollt den Abhang hinunter, an dem die Gästeauffahrt zum Schullandheim entlang führt. Der Junge rennte dem Ball nach und bemerkt dabei gar nicht, dass gerade ein Auto die Auffahrt herauf fährt. Der Autofahrer Willibald Schwarz muss dem Kind ausweichen, verliert dabei die Kontrolle über den Wagen und prallt gegen einen Baum. Tobias kommt noch mit dem Schrecken davon, auch Herr Schwarz bleibt unverletzt, aber am Wagen entstand ein Schaden von etwa 5 000 €.

Satzanfänge gestalten und Sätze miteinander verknüpfen

5 Setze die folgenden Sätze erst ins Präteritum und verknüpfe sie mit einer passenden Konjunktion, sodass ein Satzgefüge (Haupt- und Nebensatz) entsteht! Beachte auch die richtigen Zeitformen! Verwende dafür deinen eigenen Schreibblock!

1. Max ärgert Moritz. Moritz hat abstehende Ohren.
2. Sabine und Julia spielen Basketball. Julias Brille zerbricht.
3. Der Laptop fällt auf den Boden. Susanne streift das Laptop mit ihrem Rucksack.
4. Die Mutter ruft die Feuerwehr. Die Feuerwehrleute finden den verlorenen Korb im See.
5. Tom wird von einem größeren Jungen geärgert. Seine Mütze geht kaputt.
6. Es hat geschneit. Ina schlingert den Berg hinunter.
7. Die Katze überquert die Straße. Susanne weicht ihr aus und fällt hin. Dabei stößt sie mit einem anderen Radfahrer zusammen.
8. Der Hund ist nicht angeleint. Der Postbote wird vom Hund gebissen. Schließlich lässt er das Paket fallen. Die Gläser zerbrechen.

Fitness-Einheit

Training 5 Die Sprache des Berichts

6 **Nach der Mathematikstunde in der Klasse 5b ging es hoch her. Es kam zu einem Schadensfall, über den die beteiligten Schüler in schriftlicher Form berichten sollen. Allerdings ist Boris der Bericht nicht sonderlich gut gelungen, da er vergessen hat, die Sätze miteinander zu verknüpfen. Hilf ihm dabei!**

Verknüpfe die Sätze im nebenstehenden Bericht sinnvoll miteinander, sodass die zeitliche und logische Abfolge sichtbar wird! Verwende dafür deinen eigenen Schreibblock!

In der letzten Mathematikstunde vermisste Benjamin sein Heft. Benjamin behauptete, Boris hätte es ihm weggenommen. Boris bestritt dies. Nach dem Ende der Stunde verließ der Mathematiklehrer den Raum. Benjamin ging gleich auf Boris los. Er wollte ihn fertig machen. Es entstand ein furchtbarer Lärm im Klassenzimmer. Benjamin nahm Boris in den Schwitzkasten. Er drückte ihn in eine Ecke. Boris konnte sich kaum noch wehren. Er konnte sich schließlich befreien. Boris lief um den Tisch herum. Benjamin rannte hinterher. Dabei wollten ihn mehrere aus der Klasse festhalten. Benjamin trat wild um sich und traf dabei Boris. Dieser flog gegen einen Stuhl. Der Stuhl wurde gegen die Wand geschleudert. Es entstand ein Loch in der Wand. Erst später stellte sich heraus, dass Boris das Heft nicht genommen hatte. Es lag unter Benjamins Stuhl auf dem Boden.

7 **Betrachte die Bilder! Versuche mit Hilfe der Stichpunkte jeweils ein Satzgefüge zu jedem Bild zu bilden!**

Beispiel:

Auffahren auf die Bordsteinkante – Reifen geplatzt

Weil/Da/Als der Radfahrer mit dem Reifen auf die Bordsteinkante fuhr, platzte der Reifen.

Radfahrerin – Überqueren der Straße – Vollbremsung – Auffahrunfall

____

____

____

Rote Ampel übersehen – Frontalzusammenstoß

____

____

____

Fitness-Einheit

5 Die Sprache des Berichts

Bremsen defekt – rasante Abfahrt – Fußgängerin angefahren

Rückwärtsgang eingelegt – an den Baum gefahren

Schnee – Straße nicht geräumt – den Berg hinabschlingern

Knapp und treffend formulieren

8 Im Bericht solltest du sachlich formulieren. Die nachfolgende Übung soll dir dabei helfen. Finde die geeignete sachliche Formulierung zur jeweiligen umgangssprachlichen Redewendung und verbinde diese miteinander!

Gestern ging's ab! ○	○ 5 000 € Sachschaden
Es hat gescheppert. ○	○ um 6 Uhr morgens
in aller Herrgott Frühe ○	○ Er fuhr ohne Führerschein.
Er fuhr ohne Lappen. ○	○ Sie missachtete die Geschwindigkeitsbegrenzung.
5 000 € Blechschaden ○	○ Gestern ereignete sich ...
Sie brach sich die Flosse. ○	○ Das für den Verkehr nicht mehr zugelassene Fahrzeug
Er bretterte ohne Rücksichtnahme auf die Straße. ○	○ Der LKW-Fahrer
Sie flitzte mit ihrem Auto die Straße entlang. ○	○ Zwei Fahrzeuge stießen zusammen.
Die Rostlaube ... ○	○ Er missachtete die Vorfahrt.
Der Brummifahrer ... ○	○ Sie brach sich die Hand.

9 Notiere die richtige Reihenfolge in Ziffern! Beginne beim Haupttitel mit Ziffer 1! Streiche anschließend durch, was nicht in den Bericht gehört, und verbessere den Text, indem du ihn auf deinem Schreibblock richtig und vollständig abschreibst!

- ☐ Als der nigelnagelneue Ball auf die Straße rollt, läuft einer der Jungen hinterher.
- ☐ Der Junge wird sofort mit megalautem Sirenengeheul ins Krankenhaus eingeliefert.
- ☐ Am herrlich sonnigen Mittwoch gegen 15.00 Uhr, ereignet sich am Blumenweg ein schwerer Unfall.
- ☐ Zwei zehnjährige Jungen in verschlissenen, blauen Jeans spielen auf dem Gehweg Ball.
- ☐ Der Sachschaden am Auto beträgt 500 €.
- ☐ Der 50-jährige Fahrer, mit einem Hut auf dem Kopf, kann nicht mehr rechtzeitig bremsen und erfasst den Jungen.
- ☐ „O Gott, o Gott, der arme Bub", denkt der Autofahrer.
- ☐ Dieser stürzt auf den Boden und bleibt bewegungslos liegen.
- ☐ Das schaut furchtbar aus.
- ☐ In diesem Augenblick biegt ein uralter, schrottreifer VW-Käfer um die Ecke.
- ☐ Bub von Auto erfasst

10 Streiche die Grußformeln durch, die du nicht in Deinem sachlichen Brief verwenden darfst!

Servus, Herr Mustermann! – Lieber Herr Weiß, – Sehr geehrte Damen und Herren, – Hallo, – Sehr geehrte Frau Böhne, – Viele Grüße – herzliche Grüße – mit freundlichen Grüßen – Bis demnächst! – Herzlichst – Pfürdi

11 Die Anrede im Brief

a) Schreibe die richtige Anrede auf!

Großvater:

____

Komet Versandhaus:

____

Herr Müller:

____

Dein Freund Tim:

____

b) Setze die Anredepronomen richtig ein! Achte dabei auf Groß- und Kleinschreibung!

Liebe Frau Huber,

schade, dass ________ nicht mit ins Schullandheim kommen konnten. Hier würde es ________ bestimmt gefallen. Wir machen tolle Ausflüge. Wir vermissen ______ Deutschunterricht noch nicht.

Herzliche Grüße sendet ________

________ Klasse 7b

Liebe Tante Frieda,

ich habe gehört, dass ______ im Krankenhaus mit einem Gipsbein liegst. Ich wünsche ______ gute Besserung.

Liebe Grüße

von ________ Angelika

Liebe Oma, lieber Opa,

ich gratuliere ____ recht herzlich zu ____ goldenen Hochzeit. Hoffentlich geht es ______ noch viele, viele Jahre gut!

Bis bald,

________ Susi

Merkmale eines guten Berichts

1 Vergegenwärtige dir zunächst noch einmal die Regeln zum Bericht, die du in den vorherigen Kapiteln und in diesem Kapitel gelernt hast und fülle anschließend die Lücken aus. Verwende den Wortspeicher!

Information	die Personen
Sachstil	den Ort
Präteritum	die Zeit
vergangenen	die Abfolge und die Umstände
ausführlich	
knapp	Folgen
wesentlichen Aussagen	das Ereignis

Der Bericht

Ein Bericht dient der ________ des Lesers. Deshalb schreibt man ihn im ________. Da der Bericht Ablauf und Ergebnis eines ________, ________ Geschehens vermittelt, ist er im ________ (bei Vorvergangenheit Plusquamperfekt) geschrieben. Ein Bericht sollte so ________ wie nötig und so ________ wie möglich sein. Deshalb muss man sich auf die ________ konzentrieren.

Aufbau:

Die **Einleitung** informiert den Leser über ________, ________ und ________ (= **W**____? **W**____? **W**____?). Außerdem wird ________ ganz knapp zusammengefasst (= **W**____?). Im **Hauptteil** werden ________ genau dargestellt (= **W**____? **W**____?). Der **Schluss** berichtet über die ________.

Merkmale des sachlichen Briefes

2 Füge die Begriffe aus dem Wortspeicher in den Text ein! Dabei können einzelne Wörter mehrmals im Text vorkommen.

Der sachliche Brief beginnt links oben mit der ________ des ________. Danach folgt die ________ des ________. Anschließend folgt rechts oben das ________, an dem der Brief geschrieben wurde. In der Regel wird auch der ________ genannt. Dazwischen steht ein ________. Danach fügst du die ________ ein. Im Anschluss folgt die ________. Nach der ________ kann man ein Ausrufezeichen oder ein Komma setzen. Nach dem Ausrufezeichen schreibt man ________ weiter, nach dem Komma ________. Bei befreundeten Personen verwendest du die Anredepronomen ________ und ________. Sie können ________

Briefmarke	ihr
Adresse	Absender
Anlagen	Anrede
du	Betreffzeile
Unterschrift	Komma
Grußformel	Ort
Sie	Datum
groß	Empfänger
klein	

oder ______________ geschrieben werden. Bei Personen, die gesiezt werden, verwendest du das Höflichkeitspronomen ________________, das stets groß geschrieben wird.

Den Brief beendest du mit einer ________________________.
Diese steht ebenso wie die _________________ jeweils in einer eigenen Zeile. Im sachlichen Brief fügst du am Ende noch _________________ an, die du deinem Brief anhängst.

Den Briefumschlag beschriftest du mit der ____________ des Empfängers und des ______________ und versiehst diesen mit einer ________________, um ihn mit der Post zu verschicken.

3 **Löse das nachfolgende Kreuzworträtsel, indem du die gesuchten Begriffe waagrecht und senkrecht in die Kästchen schreibst! Umlaute werden als ein Buchstabe geschrieben.**

Waagrecht:

1 Diese werden im Brief stets groß geschrieben.
4 Diese steht am Ende des Briefes.
5 Auf dem Briefumschlag trägst du die Adresse des ... ein.
7 Steht im Briefkopf vor der Datumsangabe.
8 Nach dem Komma in der Anrede schreibt man ... weiter.

Senkrecht:

2 So wird derjenige bezeichnet, der den Brief erhält.
3 Dies benötigst du, um den Brief zu versenden.
5 Im Brief solltest du eine geeignete ... wählen.
6 Dieser kann zwischen Ort und Datum stehen.

Einen fehlerhaften Bericht untersuchen und verbessern

4 Dieser Unfallbericht ist zwar sehr anschaulich, aber nicht immer sachlich. Einige Aussagen gehören nicht hinein bzw. sind überflüssig. Welche? Streiche sie mit einem Lineal durch!

5 An verschiedenen Stellen im Text stehen die Verben in der falschen Zeit. Wo? Streiche die Stellen an!

6 Verbessere den Bericht, indem du ihn auf deinem Schreibblock neu verfasst!

Es war so ungefähr 13.15 Uhr, als ich mich in den Bus setzte, um von meiner Schule aus nach Hause zu fahren. Ich bin ziemlich müde und geschafft, weil der Tag sehr anstrengend gewesen war und wir am Vormittag noch eine Mathearbeit geschrieben hatten. Mit meinem MP3-Player hörte ich gerade meine Lieblingssongs. Als wir auf eine Ampelkreuzung zufuhren, springt die Ampelanlage gerade von rot auf grün. Der vor uns stehende PKW fuhr zügig an und bremste dann wieder. So schnell konnte der Busfahrer nicht reagieren, riss das Lenkrad nach rechts, um dem PKW auszuweichen. Er fuhr direkt über den Bordstein auf den Bürgersteig, bremste ab und kam schließlich in der Auslage des Obst- und Gemüseladens zum Stehen. Dabei hatte er einige Kisten Obst zerstört und die Früchte rollten über den Bürgersteig auf die Straße. Mich hatte es völlig überraschend aus meinem Sitz geworfen. Ich rappelte mich vom Boden auf und musste feststellen, dass ich bei der ganzen Aktion mein Display vom MP3-Player zertreten habe. Ich war vielleicht wütend im ersten Augenblick. Ich hätte den Busfahrer am liebsten erst einmal tüchtig angeschrien. Nachdem mir klar wurde, was eigentlich passiert war, bekam ich aber einen großen Schreck. Der Obsthändler hatte bereits die Polizei angerufen und fragte den Busfahrer sowie die Businsassen, ob es uns gut gehe. Der PKW-Fahrer hatte einen Schock. Nachdem wir das Warndreieck aufgestellt hatten, kam schließlich die Polizei und der Abschleppdienst. Der Bus hatte einen Totalschaden und war nicht mehr zu reparieren. Das Gleiche gilt für meinen MP3-Player. Schade, ich hatte meinen MP3-Player sehr gern.

Fitness-Einheit

Check

5 Die Sprache des Berichts

Selbsttest

An dieser Stelle kannst du dein Wissen überprüfen. Ergänze, was du mittlerweile über die Sprache im Bericht gelernt hast! Stimmt deine Lösung, kannst du sie mit „Ja" abhaken. Wenn nicht, kannst du dein Wissen auf den angegebenen Seiten nochmals vertiefen.

Was ich kann	Ja	Nein, dann übe ich noch mal	
Bildung der Zeitformen			
Das Präteritum bildet man bei schwachen Verben …			→ S. 62
Das Präteritum bildet man bei starken Verben …			→ S. 62
Das Plusquamperfekt bildet man mit …			→ S. 62
Verwendung der Zeitformen			
Im Bericht verwende ich hauptsächlich …			→ S. 62
Das Plusquamperfekt benötige ich um …			→ S. 62
Kennzeichen von Nebensätzen			
Um Sätze miteinander zu verknüpfen verwende ich …			→ S. 62
Nebensätze erkenne ich an …			→ S. 63
Eine Verknüpfung aus einem Hauptsatz und einem Hauptsatz nennt man …			→ S. 62
Eine Verknüpfung aus einem Hauptsatz und einem Nebensatz nennt man …			→ S. 62

Check

5 Die Sprache des Berichts

Was ich kann	Ja	Nein, dann übe ich noch mal	
Kennzeichen eines sachlichen Berichts Um einen Bericht sachlich zu formulieren, muss ich folgende Regeln beachten: ... __________ __________ __________			→ S. 73
Sprachliche Gestaltung im sachlichen Brief Bei der sprachlichen Formulierung meines sachlichen Briefes achte ich auf... __________ __________			→ S. 71
Rechtschreibung Die Anredepronomen und Possessivpronomen schreibt man im sachlichen Brief ... __________ Nach der Anrede steht ... __________ __________			→ S. 72 → S. 72

Fitness-Einheit

Lösungen

1 Einen Bericht von einer Erzählung unterscheiden

Kurs

Seite 12 – 14

Aufgabe 1
Seite 12

	Merkmale des Erzählens
Das letzte Blatt	**Überschrift:** weckt Neugierde
Überall fielen die bunten Blätter von den Bäumen. Es sah nach Regen aus. „Zieh dich warm an!", rief mir noch meine Mutter hinterher. Also schlang ich mir einen Schal um den Hals, zog den Reißverschluss meines Anoraks bis nach oben, setzte meine Mütze auf und schwang mich auf mein Fahrrad. So fuhr ich Richtung Bamberger Innenstadt zum Fußball-training.	**A. Einleitung:** Grundinformationen zu Ort, Zeit, Umständen der Handlung und Hauptpersonen; detaillierte Beschreibung
Überall kündigten Plakate ein Fest zum Geburtstag des hiesigen Oberbürgermeisters Herbert Lauer an. Da die Zeit etwas knapp war, beschloss ich, die Abkürzung über den Maxplatz zu nehmen und trat ordentlich in die Pedale.	**I. Erster Erzählschritt:** Vorbereitung der Handlung – auf dem Weg in die Innenstadt anschauliche Wortwahl
Am Maxplatz musste ich eine Vollbremsung hinlegen, die mich fast vom Rad gefegt hätte. Dort hatte sich eine Menschentraube gebildet. Ich stieg ab, um besser sehen zu können, was da vor sich ging. Vorsichtig schob ich mein Rad zwischen den Menschen hindurch und zupfte schließlich einen älteren Herrn am Ärmel. „Was ist denn hier los?", fragte ich. „Siehst du das nicht? Die Stadtreinigung legt sich für den Geburtstag des Oberbürgermeisters richtig ins Zeug. Selbst das letzte Blatt nehmen sie noch mit", antwortete der ältere Herr. Und tatsächlich, zwischen den Köpfen der Leute hindurch konnte ich entdecken, was so viel Wirbel verursachte.	**II. Zweiter Erzählschritt:** Beschreibung der Situation am Maxplatz Verwendung der wörtlichen Rede, anschauliche Redewendungen, Verwendung treffender Verben
Die Straßenkehrer waren dabei, eine Menschenpyramide zu bilden um noch das letzte Blatt aus der Krone des Ahornbaums zu holen, der vor dem Rathaus stand. Ich kannte die vier, die – ebenfalls wie ich – dem Bamberger Sportverein „Unüberwindlich" angehörten. „Los Markus, los Bert", schrie ich, „das schafft ihr!" Auch die Umstehenden begannen, die drei anzufeuern. Markus und Bert, die beiden kräftigsten, stellten sich zunächst nebeneinander auf. Mit einer Räuberleiter halfen sie Fred auf ihre Schultern. Ich fieberte mit den dreien mit, als Fred versuchte, mit dem Ende seines Besenstiels das letzte Blatt herunter zu fegen. Doch das reichte noch nicht, so sehr sich Fred auch bemühte. Er konnte das Blatt trotz aller Bemühungen nicht erreichen. „So ein Mist", dachte ich. „Dabei geben sich die drei doch solche Mühe." Plötzlich kam mir eine geniale Idee. „Benjamin!", dachte ich. „Der muss auch ran."	**III. Dritter Erzählschritt:** erster Versuch scheitert Wörtliche Rede, genaue Beschreibung des Vorgehens; Beschreibung der Gefühle Spannung

Und so begann ich aus vollem Halse seinen Namen zu rufen: „Benjamin! Benjamin! Benjamin!" Die umstehenden Passanten begannen, in den Chor mit einzustimmen und Benjamin, den Kleinsten und Leichtesten der Vier, anzufeuern. „Benjamin, los trau dich! Wir brauchen deine Unterstützung, sonst schaffen wir das nie!", rief Fred. Benjamin betrachtete die Pyramide zunächst etwas skeptisch. Kein Wunder, das sah nach einer wackeligen Angelegenheit aus. Aber schließlich war er auch kein Angsthase. So stieg er zunächst auf Markus' Knie und stützte sich am Kopf von Bert, der schon ganz rot angelaufen war, mit der Hand ab. Anschließend kletterte er auf Freds Schultern und richtete sich langsam auf, um nicht das Gleichgewicht zu verlieren. Markus und Bert wankten leicht unter dem Gewicht der beiden. Nur mit Mühe konnten sie die Balance halten. Bert japste bereits nach Luft. Die Anstrengung stand ihm deutlich ins Gesicht geschrieben. „Hoffentlich fällt er nicht runter!", schoss es mir durch den Kopf. Meine Hände waren schon ganz nass vor Aufregung.	**IV. Höhepunkt:** weiterer Versuch gelingt, auch das letzte Blatt landet am Boden Spannungssteigerung: Wörtliche Rede, Beschreibung von Gefühlen und Gedanken; Darstellung des Handlungsgeschehens im Zeitlupentempo;
Ob die vier es schaffen würden? „Ich zähle jetzt bis drei", rief Benjamin. „Dann strecken wir uns alle gleichzeitig und ich kann das letzte Blatt aus der Krone pflücken." Benjamin zählte laut bis drei, dann streckten sich alle so hoch sie konnten. Jeder hielt die Luft an. Markus und Bert stellten sich auf die Zehenspitzen, Fred packte Benjamin an den Beinen und hielt ihn, so gut er konnte, fest. Benjamin streckte seinen rechten Arm aus. Nur mit größter Mühe erwischte er das Blatt. Unter dem tosenden Beifall der Passanten segelte es wie eine Feder zu Boden.	Gedankenrede und wörtliche Rede
Auch ich klatschte begeistert in die Hände. Mir fiel ein Stein vom Herzen, als alle wieder wohlbehalten auf dem Boden standen. „Tolle Leistung!", rief ich den Vieren zu und raste zum Training.	**C. Schluss:** abrundender Schluss, greift das Erlebte nochmals auf

Aufgabe 2
Seite 14

	Merkmale des Berichtens
Bamberger Straßenkehrer zeigen sportliche Leistung	**Titel:** knapp, informativ
Bamberger Straßenkehrer bauten gestern bei der Reinigung des Maxplatzes eine Menschenpyramide, um auch noch das letzte Blatt vom Ahornbaum vor dem Rathaus zu entfernen.	**A. Vorspann:** erfasst die wesentlichen W-Fragen, hier: *Wer? Was? Wann? Wo? Warum?*
Einfallsreichtum und Sportlichkeit bewiesen am Donnerstag vier Bamberger Straßenkehrer. Sie hatten die Aufgabe, zur Vorbereitung der Geburtstagsfeierlichkeiten des Oberbürgermeisters Herbert Lauer am 16. November den Maxplatz zu kehren und das Laub, das von den Bäumen gefallen war, zu entfernen. Als sie mit ihrer Arbeit fast fertig waren, entdeckten sie hoch oben in der Krone des Ahornbaumes vor dem Rathaus noch ein einzelnes großes Blatt.	**B. Hauptteil:** Darstellung des Ereignisses der Reihe nach in größerer Genauigkeit Adjektive, Verben und Nomen – genau und beschreibend

Die Straßenkehrer beschlossen, auch dieses Blatt zu entfernen und wählten eine ungewöhnliche Methode. Da alle vier dem Bamberger Kraftsportverein „Unüberwindlich“ angehörten, war es für sie kein Problem, eine Menschenpyramide zu bauen. Markus und Bert, die beiden kräftigsten, stellten sich zunächst nebeneinander, und Fred stieg auf ihre Schultern. Der flinke Benjamin kletterte schließlich auf Freds Schultern. Alle vier Männer streckten sich hoch und Benjamin erwischte das Blatt. Erstaunte Passanten bildeten einen Kreis um die vier sportlichen Straßenkehrer und spendeten tosenden Beifall.	
Oberbürgermeister Lauer dankte der Straßenkehrertruppe in seiner Festrede und spendierte den vier Männern ein Fässchen Bier sowie eine Brotzeit für jeden.	**C. Schluss:** Folgen der Tat Indirekte Rede kommt in dem Text nicht vor

Training

Seite 15 – 16

Aufgabe 1
Seite 15

Mein Traumprinz

A. Einleitung: erfasst Ort, Zeit und Personen; endet mit einem Gedanken, der die Haupthandlung auslöst.
Grün: anschauliche Verben, treffende Nomen, stimmungshaltige Adjektive
Gelb: wörtliche Rede mit abwechslungsreicher Redeeinführung

B. Hier beginnt die Haupthandlung. Du könntest hier nochmals die Überschrift hineinschreiben: „Mein Traumprinz“
I. Erzählschritt: Erster Versuch zur Verwirklichung der Märchenidee
II. Erzählschritt: Kauf der Frösche
III. Erzählschritt: Hoffnung auf Gelingen
IV. Erzählschritt: Testen der Frösche

C. Schluss: Ausklang, kleine Lehre

Aufgabe 2
Seite 16

	Merkmale des Berichtens
Schüler entlarven Bankräuber	**Titel:** nennt Hauptereignis
Am gestrigen Dienstag entlarvten in Haßfurt zwei Unterstufenschüler einen Bankräuber.	**A. Vorspann:** beantwortet die zentralen W-Fragen genaue Zeit-, Orts- und Personenangaben
Haßfurt: Den beiden 11-jährigen Schülern Tobi M. und Willi H. gelang es durch Zufall, den Bankräuber zu überführen. Auf dem Nachhauseweg war es im Linienbus zur Verwechslung von Rucksäcken gekommen, nachdem der Busfahrer scharf bremsen musste. Tobi M. bemerkte die Verwechslung jedoch erst, als der Mann, dem der andere Rucksack gehörte, am Bahnhof bereits im nächsten Zug verschwunden war.	**B. Hauptteil:** berichtet der Reihe nach genauere Zeit-, Orts- und Personenangaben; Nachnamen gekürzt; genaue Adjektive, treffende Nomen; präzise Zahlen

Zusammen mit seinem Freund öffnete er den vertauschten Rucksack, um zu sehen, ob eine Adresse angegeben war. Dabei kamen 120.000 € zum Vorschein, die die Schüler umgehend bei der Polizei abgaben. Der Rest war für die Polizeibeamten ein Kinderspiel, da der Täter seine Adresse im Rucksack hinterlassen hatte. So schickte die Polizei eine Streife vorbei, die den Mann festnahm. Dieser wird nun vor Gericht wegen eines Raubüberfalls angeklagt und sitzt in Untersuchungshaft.	
Die beiden Schüler hingegen erhielten als Belohnung jeweils 500 € und einen Gutschein für ein Wochenende in Disneyland. Die Schüler merkten dazu an, dies hätten sie alleine „Kommissar Zufall" zu verdanken.	**C. Schluss:** Folgen des Ereignisses indirekte Rede

Check

Seite 17 – 19

Aufgabe 1
Seite 17

Text	Kritik
Spielzeugauto	Haupttitel macht weder neugierig noch trifft er den Kern des Ereignisses
Paul Friedrich, **ein Schüler des Dientzenhofer-Gymnasiums, spielte an einem** schönen Frühlingstag im April **seiner Lehrerin einen** hübschen **Streich, indem er sich mit seinem ferngesteuerten Elektroauto auf dem Schulparkplatz versteckte und im richtigen Moment vor ihr in ihre Parklücke fuhr. Frau** Studienrätin Brigitte Baum schäumte zwar vor Wut, **verzichtete aber darauf, Paul für seinen** hinterlistigen **Streich zu bestrafen.**	Besser: Nachnamen abkurzen (Paul F.) Stimmungshaltige Adjektive, Gefühle sowie Wertungen haben im Vorspann nichts zu suchen.
An einem kühlen Aprilmorgen, als die ersten Sonnenstrahlen nur mühsam durch den Morgennebel drangen, wartete der elfjährige Paul, Schüler der 5. Klasse des Dientzenhofer Gymnasium, hellwach auf seine Deutschlehrerin, Frau Studienrätin Brigitte Baum. Paul brannte darauf, seiner Deutschlehrerin wegen einer schlechten Deutschnote einen kleinen Streich zu spielen. Am Abend zuvor hatte er sein ferngesteuertes Auto noch einmal überprüft, um einem Versagen vorzubeugen. Paul lächelte schon leise vor sich hin: „Die wird Augen machen, wenn sie um die Ecke biegt." Seine Klassenkameraden drängten sich derweil am Schultor und beobachteten die Szene aufmerksam. Plötzlich kam wie immer schwungvoll Frau Baum um die Ecke gebraust und hielt auf die Parklücke zu. Im gleichen Augenblick startete Paul sein blitzendes Auto und fuhr damit direkt auf Frau Baum zu, um dann gleich in die Parklücke einzubiegen. Frau Baum legte eine Vollbremsung hin und stieg erschrocken aus. Wütend betrachtete sie das Spielzeugauto, das nun vorschriftsmäßig mitten in der großen Parklücke stand.	Im Bericht keine beschreibende Ausgestaltung Verb zu dramatisch wörtliche Rede falsch Spannung unerwünscht schildernde Darstellung falsch im Folgenden: Wiederholung der bereits genannten Fehler

Paul fasste sich nun ein Herz und rief zaghaft: „Rache ist süß, Frau Baum!“ Er hatte aber doch ein schlechtes Gewissen, als er die Zornesröte im Gesicht seiner Lehrerin sah. „Warte nur, gleich sind wir im Klassenzimmer. Ich hoffe, du bist gut vorbereitet“, schimpfte die Lehrerin noch. Gott sei Dank musste sie dann doch lächeln, und als die Klassenkameraden im Hintergrund auch noch klatschten, löste sich die Spannung vollends. Paul fuhr sein Auto daraufhin schnell aus der Parklücke und Frau Baum parkte behutsam ein.	

Aufgabe 2
Seite 18

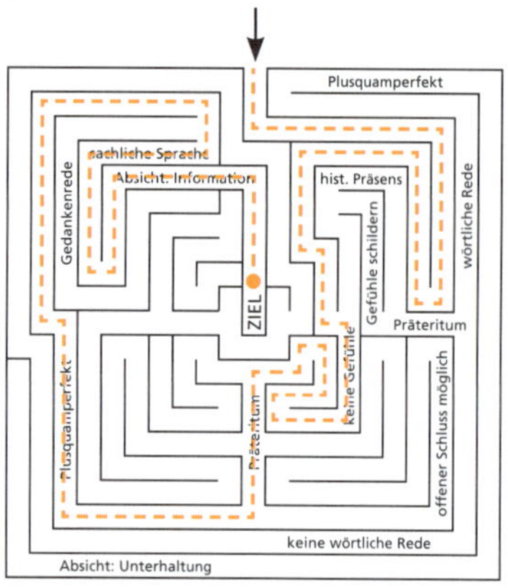

Selbsttest
Seite 19

Absicht der Erzählung
Wenn ich erzähle, möchte ich unterhalten und meine Zuhörer fesseln.

Absicht des Berichts
Wenn ich berichte, möchte ich informieren.

Aufbau der Erzählung
Wenn ich eine Erzählung plane, wähle ich folgenden Aufbau: Überschrift; A. Einleitung; B. Hauptteil mit mehreren Erzählschritten, die zum Höhepunkt führen; C. Schluss.

Aufbau des Berichts
Wenn ich einen Bericht plane, wähle ich folgenden Aufbau: Titel; Vorspann; Hauptteil; Schluss.

Erlebnisstil
Wenn ich im Erlebnisstil erzähle, verwende ich treffende Verben, stimmungshaltige Adjektive, wörtliche Rede und Gedankenrede.

Sachstil
Wenn ich im Sachstil berichte, verwende ich genaue Adjektive, Nomen und Verben sowie indirekte Rede.

Gemeinsamkeit
Tempus: Präteritum (erste Vergangenheit, Imperfekt); als Vorzeitigkeit zum Präteritum verwende ich das Plusquamperfekt.

Lösungen 2 Informationen zu einem Bericht finden

Kurs

Seite 24 – 25

Aufgabe 1
Seite 24

Beobachtungsbogen

Was ist geschehen?
Netbook ging zu Bruch

Wer?
Klasse 6c, deine Mitschüler, die Klassenlehrerin

Wo?
Schule, Klassenzimmer der Klasse 6c

Wann?
Letzter Tag vor den Sommerferien

Wie?
Schülerin stößt aus Versehen mit ihrem Rucksack das Netbook vom Tisch

Warum?
Unachtsamkeit der Schülerin, abgelenkt

Welche Folgen?
Schaden von 250 €

Welche Quellen?
Aussage des betroffenen Schülers, Mitschüler als Zeugen

Aufgabe 2
Seite 25

- Die Namen der Beteiligten und den Ort erfindest du selbst.
- Schüler XY spielt am Tisch mit seinem Netbook, während sich andere Schüler miteinander unterhalten
- Der betreffende Schüler verlässt mit seinem Mitschüler das Zimmer
- Währenddessen stößt eine Mitschülerin aus Versehen mit ihrem Rucksack das Netbook vom Tisch
- Als der Junge zurückkehrt, findet er das zerstörte Netbook auf dem Tisch wieder
- Dieses bringt er zur Lehrerin und erläutert den Vorfall

Training

Seite 26 – 32

Aufgabe 2
Seite 27

Laura: Ich heiße Laura Meier. Ich ging am Donnerstag spazieren. Währenddessen habe ich auf einer Wiese bei Memmelsdorf einen Blumenstrauß gepflückt. Versehentlich habe ich dabei eine Kunstblume von dem Hut einer Frau gepflückt, weil der Hut einer Sommerwiese täuschend ähnlich sah und weil ich ganz in Gedanken war. Ich habe die Frau, die in ihrem Garten unterhalb einer Böschung saß, wirklich nicht gesehen.

Sie war ganz aufgeregt, weil ich den Hut beschädigt habe und hat sofort die Polizei gerufen. Dabei war es doch ein Versehen!

Polizist: Mein Name ist Werner Wächter. Ich bin Polizist.
Die berühmte Hutmacherin Ernestine Mühlhausen-Maler rief uns am Donnerstag, dem 3.07.2009, an. Ihr Hut, das Modell „Sommerwiese“, wurde beschädigt. Er hat ein Loch und kann nicht mehr repariert werden. Ich kenne mich da ja nicht aus, aber sie sagte, dass der Hut ein handgefertigtes Einzelstück ist und einen Wert von 1 000 € hat. Sie war sehr aufgebracht: Der Hut sollte nämlich in der nächsten Woche auf einer Ausstellung gezeigt werden. Sie wollte von dem Mädchen, das ihn versehentlich kaputt gemacht hatte, Schadensersatz verlangen. Wir konnten sie aber überzeugen, davon abzusehen.

Frau Mühlhausen-Maler arbeitet inzwischen an einem neuen Hut, den sie dann auf der Ausstellung zeigen will.

Aufgabe 3
Seite 27

Beobachtungsbogen

Was ist geschehen?
Mädchen geht spazieren und pflückt Blumen, pflückt dabei versehentlich künstliche Blumen vom Hut einer Hutmacherin, teurer Desingnerhut wird dadurch zerstört, Modell „Sommerwiese", wütende Hutmacherin ruft per Handy die Polizei, zwei Beamte kommen zur Wiese

Wer?
Laura Meier, Hutmacherin Ernestine Mühlhausen-Maler, zwei Polizeibeamte, einer namentlich bekannt: Werner Wächter

Wo?
Blumenwiese bei Memmelsdorf, grenzt an Garten der Hutmacherin an

Wann?
Donnerstag, 3.07.2008, ein schöner Sommertag, nachmittags

Wie?
Blumen auf dem Hut sehen täuschend echt aus, Laura ist in Gedanken, sieht die Frau nicht, Frau von steiler Böschung verdeckt, Hut versehentlich kaputt gemacht

Warum?
entspricht dem Wie?

Welche Folgen?
1 000 € Schaden, Ernestine Mühlhausen-Maler will Schadensersatz, sieht aber dann davon ab, sie fertigt ein neues Hutmodell für die nächste Ausstellung, Laura entschuldigt sich und schenkt Hutmacherin ihren Blumenstrauß

Welche Quellen?
Aussagen von Laura Meier und dem Polizeibeamten Werner Wächter

---

Aufgabe 4
Seite 28

- Laura Meier geht an einem schönen Sommertag spazieren.
- Donnerstag, 03.07.2008
- auf einer Blumenwiese bei Memmelsdorf
- Sie ist ganz in Gedanken.
- Sie pflückt Blumen.
- Am Rande der Wiese pflückt sie dabei versehentlich künstliche Blumen vom Hut einer Hutmacherin.
- Die künstlichen Blumen sehen täuschend echt aus.
- Hutmacherin Ernestine Mühlhausen-Maler sitzt in ihrem Garten an einer steilen Böschung.
- Deswegen sieht Laura die Frau nicht.
- Designerhut Modell „Sommerwiese" im Wert von 1000 € ist zerstört
- Hutmacherin ist wütend und ruft per Handy die Polizei.
- Zwei Streifenbeamte kommen zur Wiese.
- Hutmacherin möchte von Laura Schadensersatz.
- Polizist Werner Wächter besänftigt sie.
- Ernestine Mühlhausen-Maler verzichtet schließlich auf Schadensersatz.
- Sie entschließt sich, ein neues Modell für Ausstellung zu fertigen.
- Laura entschuldigt sich und schenkt Hutmacherin ihren Blumenstrauß.
- Quellen: Aussagen von Laura Meier und dem Polizeibeamten Werner Wächter

---

Aufgabe 5
Seite 29

Andi Fuchs, Schüler
„Der Bert ist schuld an dem Unfall. Der kann einen aber auch nie in Ruhe lassen! Immer muss er mich ärgern. Jedenfalls habe ich mir das von ihm nicht gefallen lassen. Und erst recht die blöden Mädchen, die immer nur kichernd in der Ecke stehen und über alles zu lästern haben. Sind selber schuld daran, weil sie sich immer über alle anderen lustig machen müssen, insbesondere über uns Jungen. Das hat Bea nun davon. Sie hätte halt auch schau'n müssen, wo sie hinläuft.

Weiß doch schließlich jeder, der schon mal im Schwimmbad war, dass man nicht über einen nassen Fußboden rennt."

Bert Otto, Schüler
„Naja, den Andi konnte ich noch nie so wirklich leiden. Deshalb habe ich ihn auch am Montag etwas blöd angemacht. Tut mir im Nachhinein auch leid. Aber wer hätte denn ahnen können, dass das Ganze so ausgeht. Jedenfalls haben ihn wohl die Mädchen mit ihrem Gekichere so verrückt gemacht, dass er gleich ins Klo gerannt ist, alle Wasserhähne aufgedreht und eine Wasserschlacht angefangen hat. Die Mädchen sind dann wie die gestochenen Hühner kreischend davongerannt. Was dann genau passiert ist, weiß ich nicht. Jedenfalls habe ich nur mitbekommen, dass Bea sich offensichtlich dabei verletzt hat, als sie auf dem Boden ausgerutscht ist."

Susi Sommer, Schülerin
„Also, das war am Montag in der Pause. Da kam der Andi in den Gang vor den Toiletten, hat sich an die Wand gelehnt und dann immer so blöd zu den anderen Jungs rübergesehen. Da hat der Bert ihn blöd von der Seite angemacht und ihn gefragt, warum er so blöd guckt. Das hat dem Andi natürlich nicht gepasst. Der hat sich das dann auch nicht gefallen lassen und hat den Bert geschubst. Daraufhin hat ihn Bert zurückgeschubst und Andi fiel hin. Das fanden wir sehr witzig, wie er bäuchlings auf uns zu rutschte. Jedenfalls war der Andi dann beleidigt und ist gleich ins Klo gerannt. Jedenfalls wollten wir schnell weg, wie er angefangen hat, das Wasser im Gang zu verteilen. Schließlich wollten wir ja nicht nass werden. Und da ist es dann passiert."

Bea Engel, Schülerin
„Ja, das hat ganz schön wehgetan, als ich da ausgerutscht bin. So schnell konnte ich gar nicht schau'n, wie ich auf dem Boden lag. Naja, jedenfalls war mir erst schwarz vor den Augen und ganz übel. Ich habe nur am Rande mitbekommen, wie Susi die Schulsanitäter geholt hat. Jedenfalls habe ich mir bei der ganzen Aktion das Handgelenk gebrochen. Immerhin bekommt Andi aber auch eine Strafe und muss nun die Schule putzen."

Andrea Klaus, Schulsanitäterin
„Ich kam erst dazu, als das Ganze schon passiert war. Ein Schüler hatte auf dem Gang Wasser verteilt, sodass der Boden sehr rutschig war. Die Schülerin war darauf ausgerutscht und wollte sich wohl mit der rechten Hand noch abfangen. Jedenfalls ist sie sehr unglücklich gefallen und hat sich dabei das Handgelenk gebrochen. Wir haben den Bruch notdürftig versorgt und gekühlt. Anschließend wurde die Schülerin ins Krankenhaus gefahren."

Aufgabe 6
Seite 30

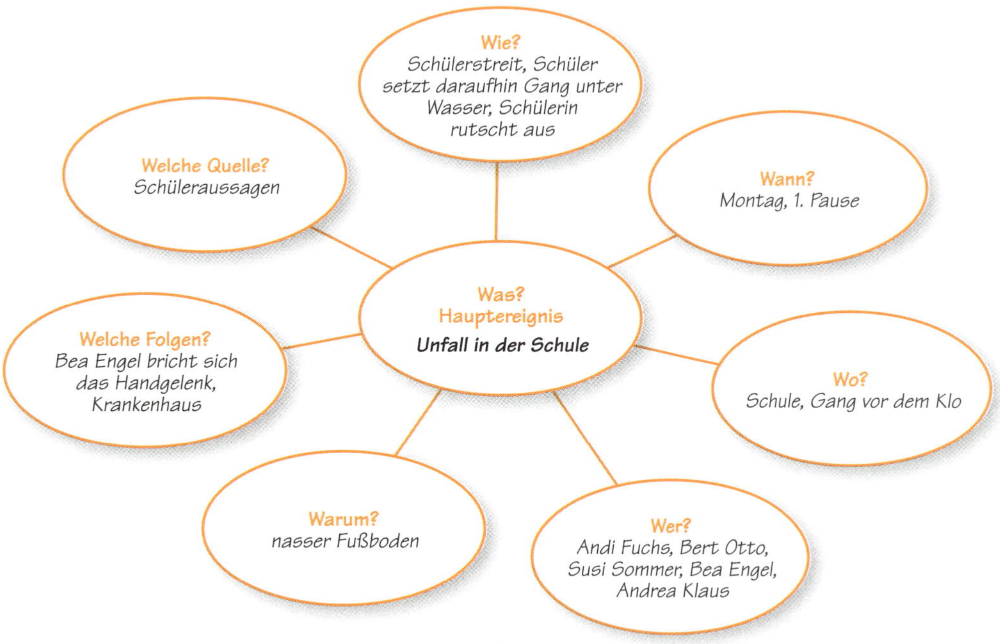

Aufgabe 7
Seite 30

- Schüler treffen im Gang vor dem Jungenklo aufeinander.
- Es kommt zu einer Schubserei.
- Andi fällt hin.
- Weil sich die Mädchen darüber lustig machen, will Andi sich rächen und läuft ins Jungenklo.
- Im Jungenklo dreht er die Wasserhähne auf und verteilt anschließend das Wasser auf dem Gang.
- Weil die Mädchen nicht nass werden wollen, rennen sie davon.
- Dabei rutscht Bea aus und bricht sich das Handgelenkt.
- Die Schulsanitäterin versorgt den Bruch und kühlt das Handgelenk.
- Die Schülerin wird ins Krankenhaus gebracht.
- Andi erhält eine Strafe und muss die Schule putzen.

Aufgabe 8
Seite 31

Ein teures Federball-Match

Als ich am Samstag aufwachte, schien mir die Sonne ins Gesicht und die Vögel zwitscherten. Sofort war ich hellwach. Endlich mal wieder schönes Wetter! Endlich mal wieder rausgehen und spielen! Es war der erste schöne Tag seit Langem – die ersten zwei Wochen hatte es in den Ferien nur geregnet und ich hatte mich schon tödlich gelangweilt. Gleich nach dem Frühstück lief ich zu meinem Nachbarn Moritz hinüber und läutete. „Hallo Thomas", begrüßte er mich strahlend, als er die Tür öffnete. „Hallo Moritz", entgegnete ich fröhlich, „das Wetter ist so schön. Wollen wir rausgehen zum Spielen?" „Klar!", rief er, „ich hol mal die Federballschläger." „Gute Idee!", antwortete ich. Er lief kurz ins Haus und kam gleich darauf mit zwei Federballschlägern und ein paar Bällen zurück. Wir gingen zusammen auf den Hof und spielten Federball. Richtig gut klappte das. In hohem Bogen segelte der weiße Federball vor dem strahlend blauen Himmel hin und her. Moritz und ich waren im Federball wahre Meister – darin hatten wir schon viel Übung.

Um ein bisschen mehr Spannung in das Spiel zu bringen, begannen wir nach einer Weile mitzuzählen. „30 Mal müssten wir schaffen", schlug ich vor. Und tatsächlich – schon nach ein paar Anläufen hatten wir den Federball sogar 34 Mal hin und her geschlagen, bevor ich den Ball verschoss.

„Wir könnten ja mal einen schnelleren Ball nehmen", meinte Moritz, „das ist dann ein bisschen schwerer. Was meinst du?" „Gute Idee", antwortete ich. „Wir könnten doch den kleinen rosa Gummiball nehmen, der eigentlich für Beach-Ball ist. Der wiegt mehr und müsste richtig zackig fliegen." „Na, ob das geht", murmelte Moritz skeptisch, holte aber trotzdem den Gummiball und warf ihn mir mit der Hand zu. Ich nahm den rosa Ball, holte wie gewohnt aus und schlug zu. „Ups", rief ich erschrocken, doch es war schon zu spät. Der Ball sauste mit einem Affenzahn durch die Luft. Moritz sprang noch nach oben, hatte aber keine Chance, den Ball zu erwischen. Es klirrte und die Scheibe der Garage von Moritz' Eltern zersplitterte in tausend Scherben. „Oh nein", jammerte ich und die Tränen stiegen mir in die Augen. „Das wollte ich nicht. Tut mir leid." Moritz sah mich auch ganz schön erschrocken an. „Oh je", stammelte er, „da wird mein Vater aber nicht begeistert sein. Da öffnete sich auch schon die Haustür und Moritz' Vater kam mit wütendem Gesicht herausgeschossen. „Was ist denn hier los?", rief er und erblickte sogleich die kaputte Scheibe. „Es tut mir echt leid!", stotterte ich, „der Ball war so schnell. Ich hab zu fest draufgehauen und da ist es passiert." „Aber mit dem Federball könnt ihr doch die Scheibe nicht kaputt gemacht haben", sagte Herr Maier ungläubig. „Wir haben den kleinen Gummiball genommen", klärte ich ihn auf. „Naja", sagte Herr Maier, „das werden wir halt mit eurer Haftpflichtversicherung klären müssen." Zum Glück war Herr Maier nicht weiter böse. Aber mit dem Federballspielen war es an diesem Tag erst mal vorbei.

Lösungen

2 Informationen zu einem Bericht finden

Aufgabe 9
Seite 32

- Am Samstag nach dem Frühstück beschließt Thomas, zu seinem Freund Moritz nach nebenan zu gehen.
- Sie beginnen, Federball zu spielen.
- Um das Spiel spannender zu machen, nehmen sie einen rosa Gummiball, der schwerer ist als der Federball.
- Thomas schlägt den Ball.
- Moritz kann ihn nicht halten.
- Der Ball fliegt in die Fensterscheibe der Garage, die daraufhin zerbricht.
- Herr Maier, der Vater von Moritz, stellt die beiden zur Rede.
- Herr Maier stellt fest, dass die Haftpflichtversicherung das zahlen muss.

Check

Seite 33 – 35

Aufgabe 1
Seite 33

Beobachtungsbogen

Was ist geschehen?
~~Max ärgert Moritz wegen dessen abstehenden Ohren; Moritz streckt Max die Zunge heraus; Max schlägt Moritz mit dem Schulbuch auf den Kopf; Moritz versucht Max zu würgen; die beiden prügeln sich~~
Prügelei auf dem Pausenhof

Wer?
Max und Moritz, Fünftklässler
Hausmeister, Mitschüler

Wo?
Schulhof
Ignaz-Günther-Gymnasium Rosenheim

Wann?
1. Pause
Freitag, 13.07.2009

Wie?
mit Schulbuch
Max ärgert Moritz wegen dessen abstehenden Ohren; Moritz streckt Max die Zunge heraus; Max schlägt Moritz mit dem Schulbuch auf den Kopf; Moritz versucht Max zu würgen; die beiden prügeln sich

Welche Folgen?
Moritz: blaues Auge; Max: zerrissener Pullover;
Hausmeister trennt die Streithähne

Welche Quellen?
Aussage des Hausmeisters
Mitschüler

Aufgabe 2
Seite 34

6	Hausmeister Böhme trennte die beiden Streitenden.
7	Die Mitschüler liefen weg.
4	Moritz war gerade dabei, Max am Hals zu packen.
5	Die beiden prügelten sich.
1	Max machte sich über Moritz´ Segelohren lustig, indem er seine eigenen Ohren mit den Händen aufstellte.
3	Max knallte daraufhin Moritz ein Schulbuch auf den Kopf.
2	Als Reaktion darauf streckte Moritz Max die Zunge heraus.

Lösungen

2 Informationen zu einem Bericht finden

Selbsttest
Seite 35

zu W-Fragen:

Die acht W-Fragen lauten Was? Wer? Wie? Warum? Wann? Wo? Welche Folgen? Welche Quellen?
Die wichtigste W-Frage bezieht sich auf das Hauptereignis.
Mit folgenden drei Möglichkeiten kann ich die Antworten auf die W-Fragen sammeln: Beobachtungsbogen, Mindmap, Stichpunktzettel.
Mögliche Quellen sind Augenzeugen oder Polizeiberichte.

Aufbauprinzipien:

Im Vorspann kommen mindestens folgende W-Fragen vor: Was? Wer? Wann? Wo?
Eine Stichpunktsammlung lege ich an, um die einzelnen Handlungsschritte in die richtige Reihenfolge zu bringen.
Bei einer Erzählung findet man das Hauptereignis meist im Höhepunkt.

Lösungen

3 Einen Bericht schreiben – journalistische Form

Kurs

Seite 38 – 40

Aufgabe 1
Seite 38

Beobachtungsbogen

Was ist geschehen?
Brille ging beim Basketballspielen zu Bruch.

Wer?
Schülerin X, Schülerin Y

Wo?
Turnhalle des X-Gymnasiums

Wann?
Sportstunde (fehlende Informationen ergänzen, z. B. 7. Stunde am Nachmittag)

Wie?
Rasantes Spiel, Schülerinnen kämpfen um den Ball; dabei schlägt die Mitschülerin der Betroffenen die Brille von der Nase

Warum?
Unachtsamkeit

Welche Folgen?
Brille ging kaputt, Schaden 200 €

Welche Quellen?
Aussagen der Schülerinnen

Stichpunktsammlung

- Schülerin will einen Treffer beim Basketballspielen landen.
- Dabei wird sie von einer Gegenspielerin festgehalten.
- Als sie hochspringt, schlägt ihr die Mitspielerin die Brille von der Nase.
- Diese geht zu Bruch.
- Während die beiden Mädchen die kaputte Brille betrachten, wirft eine andere Mitschülerin einen Korb.

Aufgabe 2
Seite 40

Beim Basketballspielen ging am gestrigen Donnerstagnachmittag die Brille einer Schülerin durch rasanten Körpereinsatz einer Gegenspielerin zu Bruch.

Aufgabe 3
Seite 40

Die Schülerinnen der Schülermannschaften des X-Gymnasiums lieferten sich ein heißes Match, als es zu einem unvorhergesehenen Zwischenfall kam. Susi M. wollte gerade einen Korb erzielen, als sie von ihrer Gegenspielerin Annika G. durch ein grobes Foul daran gehindert wurde. Annika G. wollte einen Treffer verhindern und ging mit vollem Körpereinsatz vor. Dabei schlug sie ihrer Mitspielern die Brille von der Nase. Die Brille ging dadurch kaputt.

Aufgabe 4
Seite 40

Der Versicherungsschaden beträgt 200 €.

Aufgabe 5
Seite 40

Kostspieliger Körpereinsatz

Schülerin schlägt Mitschülerin beim Basketballspielen Brille von der Nase

Training

Seite 41 – 44

Aufgabe 2
Seite 41

Ungewöhnlicher Feuerwehreinsatz in Naila	**Haupttitel:** soll den Leser neugierig machen und andeuten, worum es in dem Artikel geht.
Feuerwehr fischt Einkaufskorb aus dem Teich	**Untertitel:** gibt nähere Informationen zum Geschehen
NAILA – Zu einem ungewöhnlichen Einsatz rückte die Feuerwehr Naila am Sonntagabend aus: Aus einem Fischteich bei Froschgrün fischten sie einen verloren gegangen Einkaufskorb mit wertvollem Inhalt.	**Vorspann:** fasst das Hauptereignis in ein bis zwei Sätzen zusammen
Eine Mutter machte mit ihrer Tochter einen kleinen Fahrradausflug zu einem Fischteich, um die dort lebenden Tiere zu beobachten. Als die beiden am Teich nach Kaulquappen Ausschau hielten, kippte das Fahrrad der Mutter plötzlich um. Der Inhalt des Einkaufskorbs, den sie am Lenker angebracht hatte, fiel in den Teich, darunter auch die Handtasche mit Dokumenten und Schlüsseln. Die Tasche ging sofort unter und alle Versuche, die Handtasche in dem trüben Wasser zu finden, scheiterten. Der Frau blieb nichts anderes übrig, als die Feuerwehr zur Unterstützung zu rufen. Zehn Feuerwehrleute machten sich, mit Wat-Hosen ausgerüstet, in der Teichanlage auf die Suche. Die Feuerwehrler wurden schnell fündig und konnten der erleichterten Frau den triefenden, aber vollständigen Korb übergeben.	**Hauptteil:** ausführlicher Bericht, der Reihe nach
Als Dank spendete die Frau der Feuerwehr 20 €.	**Schluss:** Folgen

Aufgabe 3
Seite 42

Wagemutige Abfahrt

Mädchen fährt Skipiste mit dem Rad herunter.

Aufgabe 4
Seite 42

Bild 1: Weil er beim Radfahren vor sich hinträumte, rammte Franz F. gestern mit dem Vorderrad eine Borsteinkante. Das Vorderrad wurde dabei völlig demoliert.

Bild 2: Mit Schwung fuhr gestern der 70-jährige Rudolf W. aus Dittersbrunn mit seinem Smart rückwärts gegen einen Baum. Der Rentner hatte Vorwärts- und Rückwärtsgang verwechselt.

Aufgabe 5
Seite 43

Haupttitel: Hund greift Briefträger an

Untertitel: Wertvoller Teller geht zu Bruch

A. Vorspann: Ein Postbote in Lichtenfels ließ am vergangenen Freitag ein wertvolles Paket fallen, als er von einem Hund angegriffen wurde. Der wertvolle Sammlerteller darin zerbrach dabei.

B. Hauptteil: Der 40-jährige Postbote Felix F. wollte am vergangenen Freitag, kurz vor Mittag, ein Paket mit einem teuren Porzellanteller bei Frau M. abliefern. Das handgemalte Sammlerstück sollte ein Geschenk für Frau M. von deren Schwester sein. Der Postbote stellte sein Fahrrad ab und ging mit dem Paket in der Hand zur Haustür. Er rechnete aber nicht mit dem aufmerksamen

Wachhund der Besitzerin, der unerwartet hinter dem Haus hervorrannte. Der weiß-braune Terrier stürzte bellend auf ihn zu und biss sich schließlich in dem linken Stiefel des Postbeamten fest. Dabei entglitt diesem das wertvolle Paket. Es fiel zu Boden und der Teller zerbrach. Als Frau M., vom Gebell aufgeschreckt, aus dem Haus gerannt kam, sah sie gerade noch den davoneilenden Postboten und fand das zerbrochene Paket.

C. Schluss: Die Reparatur des Stiefels kostete 90 €; der Schaden durch den zerbrochenen Porzellanteller lag bei 150 €.

Check

Seite 45 – 47

Aufgabe 1
Seite 45

Heiß begehrtes Mountainbike	eher nicht geeignet; zu dramatisch und zu wenig aussagekräftig
Unverhofft kommt oft	nicht geeignet; viel zu allgemein und damit nichtssagend
Fahrraddiebstahl an der Luisen-Realschule	gut, da genau formuliert
Eine böse Überraschung	nicht geeignet; viel zu allgemein und damit nichtssagend
Ein Fall für die Polizei	nicht geeignet; zu allgemein
Fahrrad aus dem Fahrradkeller entwendet	treffend, aber sehr nüchtern
Dreister Diebstahl	in Ordnung; trifft den Sachverhalt
Schlamperei kommt teuer	irreführend und zu allgemein

Aufgabe 2
Seite 46

Am vergangenen Donnerstag ~~beobachtete eine Schülerin einen Schüler dabei, wie er sich~~ in den Fahrradkeller der Luisen-Realschule ~~schlich~~. Der ~~mit einer dunklen Sonnenbrille getarnte~~ Junge entwendete das ~~nicht abgesperrte rote~~ Mountainbike ~~ihrer Schulfreundin und fuhr damit weg~~.	Wichtig sind hier nur das „Was?“, nämlich der Diebstahl eines Mountainbikes, sowie Zeit und Ort des Geschehens. Für einen Vorspann ist der Text zu ausführlich.

Aufgabe 3
Seite 46

Aufgeregt berichtete die 11-jährige Schülerin Sandra B. der Polizei von dem Diebstahl eines Mountainbikes im Wert von 600 €. Sie hatte beobachtet, wie ein ihr unbekannter Schüler in den Fahrradkeller schlich und das Mountainbike entwendete. Sie beschrieb der Polizei genau das Aussehen des Diebes. Trotz dieser Angaben konnte der Dieb bislang nicht gefasst werden.	Die Reihenfolge stimmt nicht mit der Handlungsfolge überein. Das Aussehen des Diebes sollte genau beschrieben werden. Es fehlen der genaue Ort und nähere Angaben zum Mountainbike.

Selbsttest
Seite 47

Methode

Um einen Zeitungsbericht zu schreiben, muss ich folgende Vorarbeiten leisten: Sammeln der Informationen (Mindmap oder Beobachtungsbogen) und Ordnen der Informationen (Stichpunktsammlung)

Lösungen

Fitness-Einheit 3 Einen Bericht schreiben – journalistische Form

Aufbauprinzip

Ein Zeitungsbericht besteht grundsätzlich aus Haupttitel, Untertitel, Vorspann, Hauptteil und Schluss

Arbeitsplan

Beim Schreiben eines vollständigen Zeitungsberichts arbeite ich folgende Schritte ab:
Ich beginne mit dem Hauptteil (B.) und füge gleich den Schluss (C.) hinzu. Dann schreibe ich den Vorspann (A.). Schließlich überlege ich mir den Haupttitel und einen Untertitel.

Lösungen

4 Im sachlichen Brief berichten

Kurs

Seite 55 – 56

Aufgabe 2
Seite 56

Mindmap

Aufgabe 3
Seite 56

- Anna und Max fahren mit dem Fahrrad nebeneinander her.
- Von rechts kommt eine Katze und läuft Anna vor das Rad.
- Anna verliert das Gleichgewicht und gerät ins Schleudern.
- Sie fährt gegen Max' Vorderrad.
- Beide stürzen.

Aufgabe 4
Seite 56

Absender (vollständiger Name, Straße, Hausnummer, Postleitzahl, Ort)	Anna Blond Unglücksstraße 13 82387 Nürnberg
Empfänger (vollständiger Name, Straße, Hausnummer, Postleitzahl, Ort)	Haftpflichtversicherung Gehtklar Sicherstraße 1 83007 Geldheim
Datum und Ort (am rechten Rand)	Nürnberg, den 15.11.2009
Betreffzeile: Hier gibst du stichpunktartig und möglichst präzise an, worum es in dem Schreiben geht. Gib die Versicherungsnummer an.	**Schadensmeldung** **Versicherungsnummer 12345** **Fahrradunfall am 11. November 2009**
Höfliche Anrede: *„Sehr geehrte Damen und Herren"* (falls man den Namen des Empfängers nicht kennt) bzw. *„Sehr geehrter Herr …"* oder *„Sehr geehrte Frau …"*	Sehr geehrte Damen und Herren,
Einleitung: Hier formulierst du den Grund für dein Schreiben und fasst das Wichtigste in ein bis zwei Sätzen zusammen.	hiermit möchte ich Ihnen einen von mir verursachten Schaden melden und Sie um die Begleichung der Schadenssumme bitten. Am 11. November 2009 verursachte ich einen Fahrradunfall in der Kraftstraße in Nürnberg. Dabei wurde das Fahrrad meines Freundes Max Strupp stark beschädigt.

Hauptteil: Im Hauptteil gibst du das Ereignis Schritt für Schritt in der richtigen Reihenfolge wieder. Bei der Schadens- oder Unfallmeldung sind die Folgen besonders wichtig.	Der Unfall ereignete sich folgendermaßen: Am 11. November 2009 fuhren Max Strupp (wohnhaft in der Schnellstraße 5 in 9999 Flottdorf) und ich um 10.15 Uhr in der Kraftstraße in Nürnberg auf dem Fahrradweg mit dem Fahrrad nebeneinander her. Plötzlich kam von rechts eine Katze und lief mir direkt vor den Vorderreifen. Daraufhin musste ich ausweichen und fuhr gegen das Vorderrad von Max Strupp. Dadurch verloren wir beide das Gleichgewicht und stürzten zu Boden. Beide Räder wurden dabei erheblich beschädigt. Max Strupp musste sowohl den Vorderreifen als auch den Hinterreifen ersetzen lassen. Außerdem waren die Gangschaltung und die Kette beschädigt. Die Reparatur für Max Strupps Fahrrad kostete insgesamt 200 €.
Schluss: Benenne Zeugen, die den Unfall beobachtet haben! Verweise auf die Anlagen, die du dem Brief beilegst!	Frau Streng, wohnhaft in der Kraftstraße 13 in 9997 Nürnberg, beobachtete den Unfall zufällig und kann als Zeugin die Richtigkeit meiner Angaben bestätigen, ebenso wie Max Strupp, der an dem Unfall beteiligt war. Als Anlage und Belege liegen diesem Schreiben Fotos des beschädigten Fahrrads sowie eine Kopie der Rechnung der Reparaturwerkstatt bei.
Formuliere zum Schluss klar dein Anliegen!	Ich bitte Sie, die Kosten in Höhe von 200 € für die Reparatur von Max Strupps Fahrrad im Rahmen meiner Haftpflichtversicherung zu übernehmen. Bitte überweisen Sie die Summe auf das Konto von Peter Strupp, dem Vater von Max Strupp: Kontoinhaber Peter Strupp, Sparkasse Flottdorf, BLZ 98765, Kontonummer 77777.
Bedanke dich für die Unterstützung!	Vielen Dank im Voraus für Ihre Bemühungen.
Grußformel:	Mit freundlichen Grüßen
Unterschrift:	Anna Blond
Anlagen: Liste die beigelegten Anlagen stichpunktartig auf!	**Anlagen:** Foto des beschädigten Fahrrads Rechnung der Reparaturwerkstatt

Training

Seite 57 – 59

Aufgabe 1
Seite 57

Bild 1:

a) **Hauptereignis:** Ein Autofahrer fährt ein Mädchen auf dem Fahrrad an.

b) **Mögliche Folgen:** Das Mädchen wird bei dem Unfall verletzt. Das Fahrrad und/oder das Auto werden beschädigt.

c) Verschiedene **Schreibanlässe** sind möglich, je nach Schuldlage:
- Das Mädchen muss zur Behandlung ins Krankenhaus und schreibt danach einen Unfallbericht an die Krankenversicherung.
- Der Autofahrer schreibt einen Bericht an seine Kfz-Versicherung, damit der Schaden an seinem Auto ersetzt wird.
- Das Mädchen schreibt an ihre Haftpflicht-Versicherung, damit der Schaden, der durch ihre Schuld an dem Auto entstanden ist, ersetzt wird.
- Beide schreiben gegebenenfalls einen Bericht für die Polizei.

d) **Betreffzeile:**
- Schadensmeldung, Versicherungsnummer 1234, Fahrrad bei Zusammenstoß mit Auto beschädigt
- Schadensmeldung, Versicherungsnummer 1234, Auto bei Zusammenstoß mit Fahrrad beschädigt
- Unfallmeldung, Versicherungsnummer 1234, Beinbruch bei Fahrradunfall

e) **Anlagen:** Bild von beschädigtem Fahrrad bzw. Auto; Rechnung für die Reparatur; Arztrechnung

Bild 2:

a) **Hauptereignis:** Ein Fenster wird mit einem Ball eingeschossen.

b) **Mögliche Folgen**: Es entsteht ein Sachschaden. Jemand wird verletzt;

c) **Schreibanlass**:
- Derjenige, der den Ball geschossen hat, schreibt an seine Haftpflichtversicherung, damit der Schaden ersetzt wird.
- Derjenige, der dabei verletzt wird, schreibt an die Krankenversicherung.

d) **Betreffzeile:**
- Schadensmeldung, Versicherungsnummer 1234, Fensterscheibe beim Fußballspielen eingeschossen
- Unfallmeldung, Versicherungsnummer 1234, Verletzung durch Glassplitter

e) **Anlagen:** Foto von dem zerbrochenen Fenster; Rechnung für die neue Fensterscheibe; Arztrechnung eines Schülers, der dabei verletzt wurde

Bild 3:

a) **Hauptereignis:** Ein Junge fährt eine Fußgängerin an.

b) **Mögliche Folgen:** Die Einkäufe der Fußgängerin gehen zu Bruch. Die Fußgängerin oder der Junge werden verletzt und müssen ärztlich behandelt werden. Das Fahrrad des Jungen wird beschädigt.

c) **Schreibanlass:**
- Der Junge schreibt an die Haftpflichtversicherung, damit die Einkäufe der Frau ersetzt werden.
- Die Frau schreibt an die Krankenversicherung, weil sie bei dem Unfall verletzt wurde.
- Der Junge schreibt an die Krankenversicherung, weil er bei dem Unfall verletzt wurde.

d) **Betreffzeile**:
- Schadensmeldung, Versicherungsnummer 1234, Beschädigung des Fahrrads bei Zusammenstoß mit einer Fußgängerin
- Schadensmeldung, Versicherungsnummer 1234, Sachschaden durch Zusammenstoß mit einem Fahrrad
- Unfallmeldung, Versicherungsnummer 1234, Verletzung bei Zusammenstoß mit einem Fahrradfahrer
- Unfallmeldung, Versicherungsnummer 1234, Verletzung bei Zusammenstoß mit einer Fußgängerin

e) **Anlagen**: Foto von dem beschädigten Fahrrad oder den beschädigten Einkäufen; Rechnung für die Reparatur des Fahrrads; Rechnung für die beschädigten Einkäufe; Arztrechnung

Bild 4:

a) **Hauptereignis**: Zwei Autos stoßen frontal zusammen.

c) **Mögliche Folgen**: Totalschaden an beiden Autos. Die Fahrer werden verletzt.

c) **Schreibanlass**:
- Beide schreiben an ihre Kfz-Versicherung, damit der Schaden ersetzt wird.
- Ein Fahrer muss im Krankenhaus behandelt werden und schreibt an seine Krankenversicherung, die für die Behandlung aufkommt.

d) **Betreffzeile**:
- Schadensmeldung, Versicherungsnummer 1234, Totalschaden bei Frontalzusammenstoß mit anderem PKW
- Schadensmeldung, Versicherungsnummer 1234, Sachschaden bei Autounfall entstanden
- Unfallmeldung, Versicherungsnummer 1234, Schleudertrauma durch Frontalzusammenstoß mit einem anderen PKW

e) **Anlagen**: Arztrechnung; Rechnung für die Reparatur des Autos; Foto von dem beschädigten Auto; Foto vom Unfallort und den beschädigten Autos

---

Aufgabe 3
Seite 59

Beobachtungsbogen

Was ist geschehen?
Mütze wird zerrissen

Wer?
Täter: Schüler Max Groß (Grobianstraße 13, 13131 Schuhstadt), Franz Frech (Dreistgasse 9 in 13133 Leidensdorf); Opfer: Kurt Kratz (Schmalgasse 7, 13131 Schuhstadt), Anna Albern (Hasengasse 3, 13131 Schuhstadt) und Sonja Fröhlich (Brunnenstraße 4, 13131 Schuhstadt)

Wo?
Schulhof des Dientzenhofer-Gymnasiums Bamberg

Wann?
Freitag, 13. März 2009, 9.35 Uhr

Wie?
Max nahm dem Schüler Kurt Klein zum Spaß dessen neue Mütze weg; Max und Mitschüler Franz Frech warfen die Mütze hin und her; Kurt lief seiner Mütze nach; Kurt bekam die Mütze zu fassen, als Max sie noch in der Hand hatte; beide zerrten an der Mütze, dabei zerriss sie

Warum?
Max und Franz wollten Kurt ärgern

Welche Folgen?
Sachschaden in Höhe von 50 € (zerrissene Mütze)

Welche Quellen?
Zeugenaussagen der Schüler Kurt Kratz (Schmalgasse 7, 13131 Schuhstadt), Anna Albern (Hasengasse 3, 13131 Schuhstadt) und Sonja Fröhlich (Brunnenstraße 4, 13131 Schuhstadt)

Bange Verlag

Tel. 09274 / 94130
Fax 09274 / 94132
service@bange-verlag.de
www.bange-verlag.de

Bitte ausreichend frankieren. Danke!

Name	Vorname
Straße / Hausnummer	Geburtsjahr
Land / PLZ	Wohnort
E-Mail	
☐ Lehrer/Ref. Fach:	
☐ Schüler ☐ Eltern ☐ Sonstiges:	
Wie sind Sie auf uns aufmerksam geworden?	

☐ Ja, ich würde mich freuen, künftig über attraktive Angebote des C. Bange Verlages informiert zu werden.

Ihre Daten werden ausschließlich zu Übertragungszwecken verwendet. Der C. Bange Verlag verkauft Ihre personenbezogenen Daten nicht an Dritte. Wir treffen generell größtmögliche Vorkehrungen für die Sicherheit Ihrer Daten.

Antwort

C. Bange Verlag GmbH
z. Hd. Thomas Appel
Postfach 1160
96139 Hollfeld
Deutschland

Ihre Meinung ist uns wichtig!

Die Zufriedenheit unserer Kunden ist unsere wichtigste Messlatte. Daher möchten wir Sie um Ihre Meinung bitten. Ihre Bewertung, Kritik und Anregungen, aber auch Ihr Lob sind uns eine wichtige Hilfe, die dazu beiträgt, dass wir unsere Produkte für Sie konsequent weiterentwickeln können.

Buchtitel / ISBN		
Gliederungspunkt	Seite	Anmerkung/Vorschlag

Bitte ausfüllen und frankiert an uns einsenden.
Jedes Jahr verlosen wir unter allen Einsendern 10 Bücherpakete.

Aufgabe 4
Seite 59

- in der großen Pause auf dem Pausenhof des Dientzenhofer-Gymnasiums in Bamberg
- Max nimmt dem Schüler Kurt Klein aus der 5. Klasse zum Spaß dessen neue Mütze weg
- Mitschüler Franz Frech und Max werfen die Mütze hin und her
- Kurt läuft seiner Mütze nach und will sie wiederhaben
- Kurt bekommt die Mütze zu fassen
- Kurt und Max zerren an der Mütze
- Mütze zerreißt

Aufgabe 5
Seite 59

Max Groß
Grobianstraße 13
13131 Schuhstadt

Versicherung Klaro
Geldstraße 7
13131 Schuhstadt

Schuhstadt, den 17.03.2009

Schadensmeldung, Versicherungsnummer 555444333, zerrissene Mütze

Sehr geehrte Damen und Herren,

hiermit möchte ich Ihnen einen von mir verursachten Schaden melden und Sie um die Begleichung der Schadenssumme bitten.

Am Freitag, dem 13. März 2009, habe ich aus Versehen auf dem Pausenhof des Dientzenhofer-Gymnasiums in Bamberg (Feldkirchenstr. 21, 86251 Bamberg) die Mütze des Schülers Kurt Kratz (wohnhaft in der Schmalgasse 7, 13131 Schuhstadt) zerrissen. Der Schaden beträgt 50 €.

Der Vorfall ereignete sich folgendermaßen: Am Freitag, dem 13. März 2009, habe ich in der großen Pause auf dem Pausenhof des Dientzenhofer-Gymnasiums in Bamberg dem Schüler Kurt Kratz aus der 5. Klasse zum Spaß dessen neue Mütze weggenommen. Daraufhin haben mein Mitschüler Franz Frech (Dreistgasse 9 in 13133 Leidensdorf) und ich die Mütze hin- und hergeworfen. Kurt lief seiner Mütze nach und wollte, dass wir ihm die Mütze wieder zurückgeben. Dann hat Kurt die Mütze zu fassen bekommen, als ich die Mütze noch in der Hand hielt. Als wir beide an der Mütze zerrten, zerriss sie.

Kurt Kratz musste sich eine neue Mütze kaufen. Der Wert der Mütze betrug 50 .

Anna Albern (Hasengasse 3, 13131 Schuhstadt) und Sonja Fröhlich (Brunnenstraße 4, 13131 Schuhstadt) können den Vorfall bezeugen.

Nun möchte ich Sie bitten, die Kosten für die neue Mütze im Rahmen meiner Haftpflichtversicherung zu übernehmen. Die Rechnung lege ich Ihnen bei, ebenso ein Foto der zerrissenen Mütze. Bitte überweisen Sie den Rechnungbetrag auf mein Konto: Kontoinhaber Max Groß, Sparkasse Schuhstadt, BLZ 555666, Kontonummer 131313.

Vielen Dank im Voraus für Ihre Bemühungen.

Mit freundlichen Grüßen

Max Groß

Anlagen:

- Rechnung der neuen Mütze
- Foto der zerrissenen Mütze

Check

Seite 60 – 61

Aufgabe 1
Seite 60

Haftpflicht-Versicherung Blumenweg 7 8888 Ideenstadt	Absender und Empfänger sind vertauscht.
von Hans Friedensstraße 8 8888 Ideenstadt	Beim Absender fehlt der Nachname. Man schreibt nicht „von" beim Absender Datum und Ort fehlen.
Betreff: Können Sie mir Hans' Fahrrad reparieren?	Die Betreffzeile formuliert man in stichpunktartig.
Hallo,	Die Begrüßung ist unangemessen. Es müsste heißen „Sehr geehrte Damen und Herren". Nach der Begrüßung lässt man eine Zeile frei.
gestern habe ich mir das Fahrrad von meinem Kumpel ausgeliehen. Dabei habe ich es kaputt gemacht. Es war ein schönes Mountainbike, das ich mir ausgeliehen habe. Irgendwie bin ich ins Schleudern geraten und gestürzt. Jetzt funktionieren die Bremse und die Gangschaltung nicht mehr.	In der Einleitung muss das Datum genau angegeben werden. Es fehlt der Name des „Kumpels" mit Vor- und Nachname sowie Adresse. Der Ort fehlt. Der Sturz sollte erläutert werden, ebenso die Höhe des Schadens. Im Hauptteil sollte der Vorfall viel genauer und der Reihe nach geschildert werden. Die Höhe des Schadens fehlt.
Es wäre nett von ihnen, wenn sie mir bald antworten können.	Der Schluss enthält keine klar formulierte Bitte an den Empfänger. Anredepronomen „Ihnen" und „Sie" müssen groß geschrieben werden.
Mit freundlichen Grüßen Hans	Die Unterschrift muss auch den Nachnamen enthalten. Es fehlen Anlagen (Rechnung für die Reparatur, Fotos).

Selbsttest
Seite 60

Schreibanlässe

Haftpflichtversicherung (Schadens- oder Unfallmeldung)
Polizei (Anzeige)
Firma bzw. Unternehmen (Beschwerde oder Reklamation)

Der formale Rahmen

Absender, Empfänger, Ort, Datum, Betreffzeile, Anrede, Einleitung, Hauptteil, Schluss, Grußformel, Unterschrift, Anlagen

Betreffzeile

Sie ermöglicht dem Empfänger, auf einen Blick zu erkennen, worum es in dem Brief geht.

Lösungen

4 Im sachlichen Brief berichten

Einleitung

Sie beantworten die wichtigsten W-Fragen (meist: Was? Wer? Wo? Wann? Welche Folgen?)

Hauptteil

… den Ablauf des Ereignisses …

Schluss

Benennung von Zeugen, Hinweis auf beigefügte Anlagen, Wiederholung des Anliegens (z. B. Überweisung), gegebenenfalls Auflistung der Konto-Informationen, Dank

Grußformeln

Anfang: „Sehr geehrte Frau …"; „Sehr geehrter Herr …" bzw. „Sehr geehrte Damen und Herren"
Schluss: „Vielen Dank im Voraus für Ihre Bemühungen", „Mit freundlichen Grüßen"

Anlagen

… die Richtigkeit der eigenen Angaben zu beweisen

Rechtschreibung

dass man die entsprechenden Pronomen („Sie", „Ihnen", „Ihre" etc.) groß schreibt.

Kurs

Seite 64 – 66

Aufgabe 1
Seite 64

Infinitiv	Präteritum	Plusquamperfekt
beginnen	ich begann	ich hatte begonnen
brechen	ich brach	ich hatte gebrochen
fliegen	ich flog	ich war geflogen
geben	ich gab	ich hatte gegeben
können	ich konnte	ich hatte gekonnt
schieben	ich schob	ich hatte geschoben
schlafen	ich schlief	ich hatte geschlafen
fahren	ich fuhr	ich war gefahren
laufen	ich lief	ich war gelaufen
prallen	ich prallte	ich war geprallt

Aufgabe 2
Seite 64

1. Weil/Da der Lehrer einen Moment nicht aufgepasst hatte, flog die Schultasche aus dem Fenster.
2. Da/Weil Franz zu fest geschossen hatte, flog der Ball durch das Fenster.
3. Nachdem/Weil er die Scheibe eingeschossen hatte, lief er davon.
4. Da/Weil das Handy zerbrochen war, bat Luise um Schadensersatz.
5. Der Abfalleimer war in Brand geraten, weil eine Passantin eine glühende Zigarette hineingeworfen hatte.
6. Da/Weil er vergessen hatte, den Wasserhahn abzustellen, lief das Wasser über.
7. Obwohl er sich vorgenommen hatte aufzupassen, schüttete er den Becher mit dem Wasser um.
8. Als/Während er zum Wasserbecken ging, rutschte er aus und fiel hin.

Aufgabe 3
Seite 65

Flocke auf Entdeckungstour

Erstmals wurde am gestrigen Dienstag, dem 8. April 2008, die Nürnberger Eisbärin Flocke, die nun rund vier Monate alt ist, der Öffentlichkeit präsentiert. Sie ging in ihrem neuen Gehege im Aqua-Park des Tiergartens Nürnberg auf Entdeckungstour.

Die Tierpfleger Petra F. und Horst M. brachten Flocke, das Eisbärenjunge, das am 11. Dezember 2007 im Nürnberger Tiergarten von der Eisbärin Vera geboren wurde, vor den Augen der Zoobesucher und der anwesenden Journalisten in ihr neues Gehege im Aqua-Park des Nürnberger Tiergartens. ~~Flocke war wirklich unglaublich süß – toll, wie sie in ihrem Gehege herumtollte. Auch Annika G., eine Besucherin, war ganz dieser Meinung: „Ein niedlicher Bär!“~~ Neugierig erkundete die Eisbärin Flocke, die bereits 30 Kilogramm wiegt, ihr neues Zuhause, ein Freigehege. Sie kletterte auf den Felsen in ihrem Gehege herum, schwamm anschließend in ihrem Wasserbecken und spielte mit ihren Pflegern. Flocke, die, seit sie am 8. Januar 2008 von ihrer Mutter Vera getrennt werden musste, von Tierpflegern aufgezogen wurde ~~(schade, es wäre besser für das Tier gewesen, wenn es bei seiner Mutter hätte aufwachsen können)~~, stellte sich damit erstmals der Öffentlichkeit vor. Zwar gab es bereits Foto- und Filmaufnahmen des Eisbärenbabys, aber erst seit gestern können die Besucher des Tiergarten Nürnbergs die kleine Eisbärin in ihrem Zoogehege beobachten. Interessierte können Flocke täglich im Aqua-Park des Nürnberger Tiergartens von 9 bis 11 Uhr, von 13 bis 14 Uhr und von 15.30 bis 17.30 Uhr besuchen. ~~Den Lesern dieses Berichts kann nur empfohlen werden, sich die kleine Eisbärin selbst anzuschauen: Sie werden begeistert sein!~~

Aufgabe 4
Seite 66

Steffi Strahl
Gartenweg 27
91575 Windsbach

Windsbach, den 5.03.2009

An das
Tourismusbüro Pottenstein
Forchheimer Straße 1
91278 Pottenstein

Bitte um Informationsmaterial

Sehr geehrte Damen und Herren,

stellvertretend für die Klasse 6a des Johann-Sebastian-Bach-Gymnasiums in Windsbach, bitte ich Sie zur Planung unseres Aufenthalts vom 22.06. bis 26.6.2009 im Schullandheim Pottenstein um Informationsmaterial.

~~Sie werden es nicht glauben, aber wir haben tatsächlich den ersten Preis in einem Grammatikwettbewerb gewonnen! Deshalb dürfen wir im Juni ins Schullandheim fahren! Wenn Katja nicht in letzter Minute noch eingefallen wäre, was ein Adverb ist, wäre es allerdings nichts mit unserem Sieg geworden! Aber es hat ja doch noch geklappt.~~ Besonders interessieren würde uns, welche Sehenswürdigkeiten wir in Pottenstein oder in der Nähe besichtigen könnten. Wir haben gehört, dass die Führungen durch die Teufelshöhle, ~~die schon mehrere Millionen Jahre alt ist~~, sehr beeindruckend sind. ~~Stimmt das?~~ Wir wären Ihnen dankbar, wenn Sie uns auch darüber informieren könnten, welchen Aktivitäten wir nachgehen könnten. ~~Kann man bei Ihnen wirklich Fossilien finden? Das wäre echt cool! Philipp Meier kennt sich damit aus und hat das behauptet.~~

Wir bedanken uns schon im Voraus für die Zusendung der Unterlagen!

Mit freundlichen Grüßen

Steffi Strahl

Training

Seite 67 – 72

Aufgabe 1
Seite 67

1–B, 2–L, 3–E, 4–C, 5–H, 6–S, 7–C, 8–H, 9–A, 10–D, 1–E, 12–N

Lösungswort: Blechschaden

Aufgabe 2
Seite 67

Gestern ereignete sich um 16.00 Uhr ein schwerer Unfall. Ein 15-jähriger Mofafahrer fuhr bei Rot über die Ampel. Dabei übersah er einen kleinen Jungen, der gerade die Straße überquerte. Beide stürzten zu Boden. Der Junge blieb mit mehreren Rippenbrüchen liegen. Der Mofafahrer erlitt zahlreiche Abschürfungen. Beide mussten ins Krankenhaus gebracht werden. Am Mofa entstand ein Sachschaden von 200 €.

Aufgabe 3
Seite 67

Am Dienstag brachte eine Maus eine ganze Klasse in Aufruhr. Sie war einer Schülerin heimlich in die Schultasche geschlüpft. Dabei hatte die Schülerin bereits am Morgen nach der Maus gesucht, sie aber nicht gefunden und war daraufhin ahnungslos in die Schule gegangen. Als sie die Maus schließlich bemerkte und aus ihrem Schulranzen holte, schrie eine Mitschülerin aus lautem Halse, sodass die Maus von der Hand der Schülerin sprang und durchs Klassenzimmer flitzte. Die Lehrerin, Frau Klammerbein, sprang in ihrer Angst auf das Lehrerpult und bat einen Schüler, im Nachbarzimmer um Hilfe zu suchen. Schließlich konnte die Klasse die Maus doch noch einfangen und der Unterricht nahm seinen weiteren Verlauf.

Aufgabe 4
Seite 68

Kind beinahe überfahren

Wesentlich schlimmer hätte ein Zwischenfall gestern Nachmittag beim Schullandheim in Neukirchen bei Coburg ausgehen können. Zwei Schulklassen aus Bamberg verbringen/verbrachten dort eine Ferienwoche. Die Fußballmannschaften der Klassen 5e und 5d des Clavius-Gymnasiums liefern/lieferten sich gerade ein Match. Der Tormann der 5e, der elfjährige Tobias Tischbein, kann/konnte einen Schuss auf sein Tor abwehren, doch der Ball fliegt/flog über das Tor und rollt/rollte den Abhang hinunter, an dem die Gästeauffahrt zum Schullandheim entlang führt/führte. Der Junge rennte/rannte dem Ball nach und bemerkt/bemerkte dabei gar nicht, dass gerade ein Auto die Auffahrt herauf fährt/fuhr. Der Autofahrer Willibald Schwarz muss/musste dem Kind ausweichen, verliert/verlor dabei die Kontrolle über den Wagen und prallt/prallte gegen einen Baum. Tobias kommt/kam noch mit dem Schrecken davon, auch Herr Schwarz bleibt/blieb unverletzt, aber am Wagen entstand ein Schaden von etwa 5000€.

Aufgabe 5
Seite 68

1. Max ärgerte Moritz, weil/da Moritz abstehende Ohren hatte.
2. Sabine und Julia spielten Basketball, wobei Julias Brille zerbrach./Während Sabine und Julia Basketball spielten, zerbrach Julias Brille.
3. Der Laptop fiel auf den Boden, nachdem/weil Susanne ihn mit ihrem Rucksack gestreift hatte.
4. Nachdem die Mutter die Feuerwehr gerufen hatte, fanden die Feuerwehrleute den verlorenen Korb im See wieder.
5. Tom wurde von einem größeren Jungen geärgert, wobei seine Mütze kaputt ging./ Weil/Da Tom von einem größeren Jungen geärgert wurde, ging seine Mütze kaputt.
6. Weil/Da es geschneit hatte, schlingerte Ina den Berg hinunter.
7. Da eine Katze die Straße überquert hatte, wich Susanne ihr aus und fiel hin, wobei sie mit einem anderen Radfahrer zusammenstieß.
8. Weil der Hund nicht angeleint war, wurde der Postbote vom Hund gebissen, sodass er schließlich das Paket fallen ließ und die Gläser zerbrachen.

Aufgabe 6
Seite 69

Weil Benjamin in der letzten Mathematikstunde sein Heft vermisste, behauptete er, Boris hätte es ihm weggenommen, was dieser bestritt. Nachdem der Mathematiklehrer den Raum verlassen hatte, ging Benjamin auf Boris los, da er ihn fertig machen wollte. Dadurch entstand im Klassenzimmer ein furchtbarer Lärm. Während Benjamin Boris in den Schwitzkasten nahm, drückte er ihn in eine Ecke, sodass sich Boris kaum noch wehren konnte. Nachdem es ihm aber gelungen war, sich zu befreien, lief Boris um den Tisch herum. Schließlich rannte Benjamin Boris hinterher. Dabei wollten ihn mehrere aus der Klasse festhalten, sodass Benjamin wild um sich trat. Dabei traf er Boris, wodurch dieser gegen einen Stuhl flog. Dieser wurde gegen die Wand geschleudert, sodass ein Loch in der Wand entstand. Erst später stellte sich heraus, dass Boris das Heft nicht genommen hatte, da es unter Benjamins Stuhl auf dem Boden lag.

Aufgabe 7
Seite 69

Als/Da/Weil eine Radfahrerin die Straße überquerte, musste der Autofahrer stark bremsen, wobei er die Radfahrerin rammte.

Weil/Da ein Autofahrer die rote Ampel übersehen hatte, kam es zu einem Frontalzusammenstoß zwischen zwei Autos.

Da/Weil die Bremsen defekt waren, legte der Radfahrer eine rasante Abfahrt hin, wobei er eine Fußgängerin anfuhr.

Nachdem/Weil/Da der Autofahrer aus Versehen den Rückwärtsgang eingelegt hatte, fuhr er gegen einen Baum.

Nachdem es geschneit hatte, aber die Straße nicht geräumt war, schlingerte die Fahrradfahrerin den Berg hinunter.

Aufgabe 8
Seite 71

Gestern ging's ab – Gestern ereignete sich.../Es hat gescheppert. – Zwei Fahrzeuge stießen zusammen./in aller Herrgott Frühe – um 6 Uhr morgens/Er fuhr ohne Lappen. – Er fuhr ohne Führerschein./5 000 € Blechschaden – 5 000 € Sachschaden/Sie brach sich die Flosse. – Sie brach sich die Hand./Er bretterte ohne Rücksichtnahme auf die Straße. – Er missachtete die Vorfahrt./Sie flitzte mit ihrem Auto die Straße entlang. – Sie missachtete die Geschwindigkeitsbegrenzung./Die Rostlaube ... – Das für den Verkehr nicht mehr zugelassene Fahrzeug .../Der Brummifahrer ... – Der LKW-Fahrer

---

Aufgabe 9
Seite 71

4	Als der ~~nigelnagelneue~~ Ball auf die Straße rollt, läuft einer der Jungen hinterher.
9	Der Junge wird sofort ~~mit megalautem Sirenengeheul~~ ins Krankenhaus eingeliefert.
2	Am ~~herrlich sonnigen~~ Mittwoch gegen 15.00 Uhr ereignet sich am Blumenweg ein schwerer Unfall.
3	Zwei zehnjährige Jungen ~~in verschlissenen, blauen Jeans~~ spielen auf dem Gehweg Ball.
0	Der Sachschaden am Auto beträgt 500 €.
6	Der 50-jährige Fahrer~~, mit einem Hut auf dem Kopf,~~ kann nicht mehr rechtzeitig bremsen und erfasst den Jungen. ~~„O Gott, o Gott, der arme Bub", denkt der Autofahrer~~.
7	Dieser stürzt auf den Boden und bleibt bewegungslos liegen. ~~Das schaut furchtbar aus.~~
5	In diesem Augenblick biegt ein ~~uralter, schrottreifer~~ VW-Käfer um die Ecke.
1	Bub von Auto erfasst
8	Der herbeigerufene~~, gut aussehende~~ Notarzt stellt eine Gehirnerschütterung und einen Beinbruch fest.

Bub von Auto erfasst

Am Mittwoch gegen 15.00 Uhr ereignete sich am Blumenweg ein schwerer Unfall. Zwei zehnjährige Jungen spielten auf dem Gehweg Ball. Als der Ball auf die Straße rollte, lief einer der Jungen hinterher. In diesem Augenblick bog ein VW-Käfer um die Ecke. Der 50-jährige Fahrer konnte nicht mehr rechtzeitig bremsen und erfasste den Jungen. Dieser stürzte auf den Boden und blieb bewegungslos liegen. Der herbeigerufene Notarzt stellte eine Gehirnerschütterung und einen Beinbruch fest. Der Junge wurde sofort ins Krankenhaus eingeliefert. Der Schaden am Auto beträgt 500 €.

Aufgabe 10
Seite 72

~~Servus Herr Mustermann!~~ – ~~Lieber Herr Weiß,~~ – Sehr geehrte Damen und Herren, – ~~Hallo,~~ – Sehr geehrte Frau Böhne, – Viele Grüße – ~~herzliche Grüße~~ – mit freundlichen Grüßen – ~~Bis demnächst!~~ – ~~Herzlichst~~ – ~~Pfürdi~~

Aufgabe 11 a)
Seite 72

Schreibe die richtige Anrede auf

Großvater: Lieber Opa/Großvater, liebster Opa/Großvater
Komet Versandhaus: Sehr geehrte Damen und Herren
Herr Müller: Sehr geehrter Herr Müller
Dein Freund Tim: Hallo Tim, lieber Tim

b) Setze die Anrede-Pronomen richtig ein. Achte dabei auf Groß- und Kleinschreibung!

Liebe Frau Huber,

schade, dass Sie nicht mit ins Schullandheim kommen konnten. Hier würde es Ihnen bestimmt gefallen. Wir machen tolle Ausflüge. Wir vermissen Ihren Deutschunterricht noch nicht.

Herzliche Grüße sendet Ihnen

Ihre Klasse 7b

Liebe Tante Frieda,

ich habe gehört, dass du/Du im Krankenhaus mit einem Gipsbein liegst. Ich wünsche dir/Dir gute Besserung.

Liebe Grüße

von deiner/Deiner Angelika

Liebe Oma, lieber Opa,

ich gratuliere euch/Euch recht herzlich zu eurer/Eurer goldenen Hochzeit. Hoffentlich geht es euch/Euch noch viele, viele Jahre gut!

Bis bald,

eure/Eure Susi

Check

Seite 73 – 77

Aufgabe 1
Seite 73

Der Bericht
Ein Bericht dient der Information des Lesers. Deshalb schreibt man ihn im Sachstil. Da der Bericht Ablauf und Ergebnis eines vergangenen Geschehens vermittelt, ist er im Präteritum (bei Vorvergangenheit Plusquamperfekt) geschrieben. Ein Bericht sollte so ausführlich wie nötig und so knapp wie möglich sein. Deshalb muss man sich auf die wesentlichen Aussagen konzentrieren.

Aufbau:
Die **Einleitung** informiert den Leser über die Zeit, den Ort und die Personen (= **W**ann? **W**o? **W**er?). Außerdem wird das Ereignis ganz knapp zusammengefasst (= **W**as?). Im **Hauptteil** werden die Abfolge und die Umstände genau dargestellt (= **W**as? **W**ie?). Der **Schluss** berichtet über die Folgen.

Aufgabe 2
Seite 73

Der sachliche Brief beginnt links oben mit der Adresse des Absenders. Danach folgt die Adresse des Empfängers. Anschließend folgt rechts oben das Datum, an dem der Brief geschrieben wurde. In der Regel wird auch der Ort genannt. Dazwischen steht ein Komma. Danach fügst du die Betreffzeile ein.

Im Anschluss folgt die Anrede. Nach der Anrede kann man ein Ausrufezeichen oder ein Komma setzen. Nach dem Ausrufezeichen schreibt man groß weiter, nach dem Komma klein. Bei befreundeten Personen verwendest du die Anredepronomen du und ihr. Sie können groß oder klein geschrieben werden. Bei Personen, die gesiezt werden, verwendest du das Höflichkeitspronomen Sie, das stets groß geschrieben wird.

Den Brief beendest du mit einer Grußformel. Diese steht ebenso wie die Unterschrift jeweils in einer eigenen Zeile. Im sachlichen Brief fügst du am Ende noch Anlagen an, die du deinem Brief anhängst.

Den Briefumschlag beschriftest du mit der Adresse des Empfängers und des Absenders und versiehst diesen mit einer Briefmarke, um ihn mit der Post zu verschicken.

Aufgabe 3
Seite 74

H	Ö	F	L	I	C	H	K	E	I	T	S	P	R	O	N	O	M	E	N
								M											
								P		B									
			G	R	U	S	S	F	O	R	M	E	L						
								Ä		I									
				A	B	S	E	N	D	E	R	S							
				N				G		F									
		A	D	R	E	S	S	E		M									
		R		E				R		A									
O	R	T		D						R									
		I		E						K									
		K								E									
K	L	E	I	N															
		L																	

Aufgabe 4 / 5
Seite 75

Es war ~~so ungefähr~~ 13.15 Uhr, ~~als ich mich in den Bus setzte, um von meiner Schule aus nach Hause zu fahren. Ich bin ziemlich müde und geschafft, weil der Tag sehr anstrengend gewesen war und wir am Vormittag noch eine Mathearbeit geschrieben hatten. Mit meinem MP3-Player hörte ich gerade meine Lieblingssongs.~~ Als wir auf eine Ampelkreuzung zufuhren, springt die Ampelanlage gerade von rot auf grün. Der vor uns stehende PKW fuhr zügig an und bremste dann wieder. So schnell konnte der Busfahrer nicht reagieren, riss das Lenkrad nach rechts, um dem PKW auszuweichen. Er fährt direkt über den Bordstein auf den Bürgersteig, bremst ab und kommt schließlich in der Auslage des Obst- und Gemüseladens zum Stehen. ~~Das hättest du sehen sollen!~~ Dabei hat er einige Kisten Obst zerstört und die Früchte rollten über den Bürgersteig auf die Straße. Mich hatte es ~~völlig überraschend~~ aus meinem Sitz geworfen. Ich rappelte mich vom Boden auf und musste feststellen, dass ich ~~bei der ganzen Aktion~~ mein Display vom MP3-Player zertreten habe. ~~Ich war vielleicht wütend im ersten Augenblick. Ich hätte den Busfahrer am liebsten erst einmal tüchtig angeschrien. Nachdem mir klar wurde, was eigentlich passiert war, bekam ich aber einen großen Schreck.~~ Der Obsthändler hatte bereits die Polizei angerufen ~~und fragte den Busfahrer sowie die Businsassen, ob es uns gut gehe~~. Der PKW-Fahrer hatte einen Schock. Nachdem wir das Warndreieck aufgestellt hatten, kam schließlich die Polizei und der Abschleppdienst. Der Bus hatte einen Totalschaden und war nicht mehr zu reparieren. Das Gleiche gilt für meinen MP3-Player. ~~Schade, ich hatte meinen MP3-Player sehr gern.~~

Aufgabe 6
Seite 75

Schulkinder kamen noch einmal mit dem Schrecken davon

Vergangenen ... kam es um 13.15 Uhr an einer Ampelkreuzung zu einem Verkehrsunfall, bei dem ein Bus in die Auslage eines Obst- und Gemüseladens fuhr. Dabei hatte der Busfahrer noch versucht, einem vorausfahrenden PKW, der nach dem Anfahren an der grünen Ampel plötzlich abbremste, auszuweichen. Dabei fuhr der Bus über den Bürgersteig und kam dort in der Auslage eines Gemüseladens zum Stehen. Der Inhaber des Gemüseladens verständigte sofort die Polizei. Personenschäden sind nicht zu verzeichnen, die Businsassen und der PKW-Fahrer kamen noch einmal mit dem Schrecken davon. Am Bus entstand ein Totalschaden.

Selbsttest
Seite 76

Bildung der Zeitformen

Das Präteritum bildet man bei schwachen Verben mit einem t zwischen Wortstamm und Endung.
Das Präteritum bildet man bei starken Verben durch eine Änderung des Stammvokals.
Das Plusquamperfekt bildet man mit den Präteritumsformen der Hilfsverben haben und sein und dem Partizip Perfekt des Verbs.

Lösungen

5 Die Sprache des Berichts

Verwendung der Zeitformen

Im Bericht verwende ich hauptsächlich das Präteritum.
Das Plusquamperfekt benötige ich, um Vorzeitigkeit auszudrücken.

Kennzeichen von Nebensätzen

Um Sätze miteinander zu verknüpfen, verwende ich Konjunktionen.
Nebensätze erkenne ich an den einleitenden Konjunktionen und der Endstellung des Verbs.
Eine Verknüpfung aus einem Hauptsatz und einem Hauptsatz nennt man Satzreihe.
Eine Verknüpfung aus einem Hauptsatz und einem Nebensatz nennt man Satzgefüge.

Kennzeichen eines sachlichen Berichts

Um einen Bericht sachlich zu formulieren, muss ich folgende Regeln beachten:
Sachstil, Beachtung des Aufbaus, Beachtung der Formalien.

Sprachliche Gestaltung im sachlichen Brief

Bei der sprachlichen Formulierung meines sachlichen Briefes achte ich auf: Sachstil; Vermeiden von Umgangssprache

Rechtschreibung

Die Anredepronomen und Possessivpronomen schreibt man im sachlichen Brief groß.
Nach der Anrede steht ein Komma oder ein Ausrufezeichen.